Schaubilder und Schulkarten

Von Bildern lernen im Klassenzimmer

Herausgegeben von
Ina Katharina Uphoff und
Nicola von Velsen

PRESTEL

München · London · New York

4 + 1 =

5 -

1 =

5 - 4 =

2.

4   5   6.   8.

1.

3.

7.

9.

10.

11.

β t u u

ä ö ü

B C D D

w x y

(. , ; : " " – | ? . .)

F G H

Inhalt

Mensch

Sprache,
Kultur
und Religion

Geschichte,
Gesellschaft
und Wirtschaft

Verkehr

Leo XIII.

1875 Gründung des
Weltpostvereins
in Bern

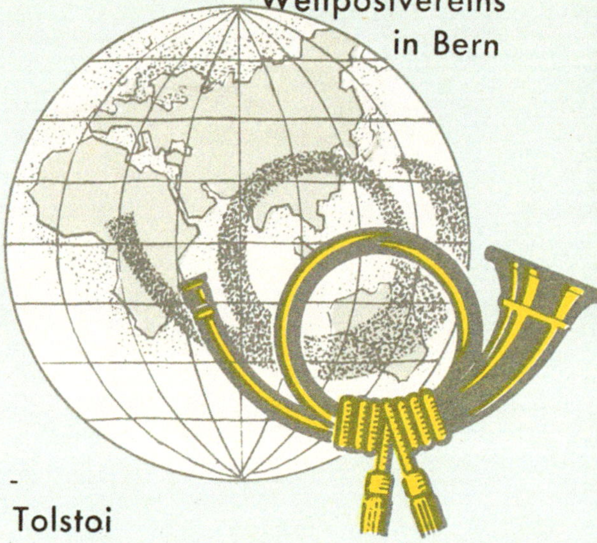

Henri Dunant
begründet das
Rote Kreuz

Napoleon III.

Krimkrieg

nkreich - Sardinien
sterreich 1859

Europäische Dichter
G. Keller - C. F. Meyer - Chr. Andersen -
H. Ibsen - W. Scott - F. Dostojewsky, L. Tolstoi

reich wird durch Deutschland aus seiner Vormachtstellung verdrän

In Übersee bewirkt der Reichtum an Nahrungsmit

eitung des
verkehrs

Ausc

Kanada wird
englisches Dominium

endampfer
antik

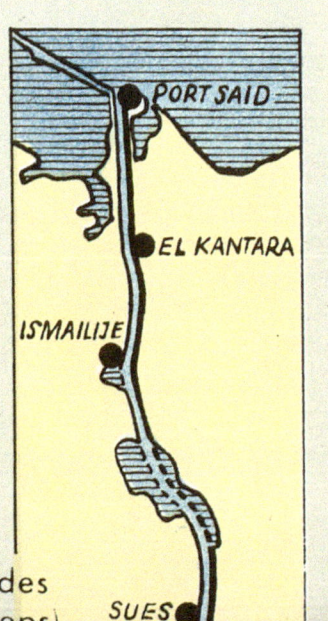

r den Atlantik   **Präsident Lincoln**

Die USA erwerben Alaska

Japans für
tverkehr

Sezessionskrieg

Carl Schurz

Blands Ausdehnung in Asien

rd englisches Dominium

PORT SAID

EL KANTARA

ISMAILIJE

SUES

1869 Eröffnung des
Suezkanals (Lessens)

G. Bell Telefon 1876

Thomas A. Edison
Glühlampe - Elektrisches Licht - Ph

1881 Tunis F

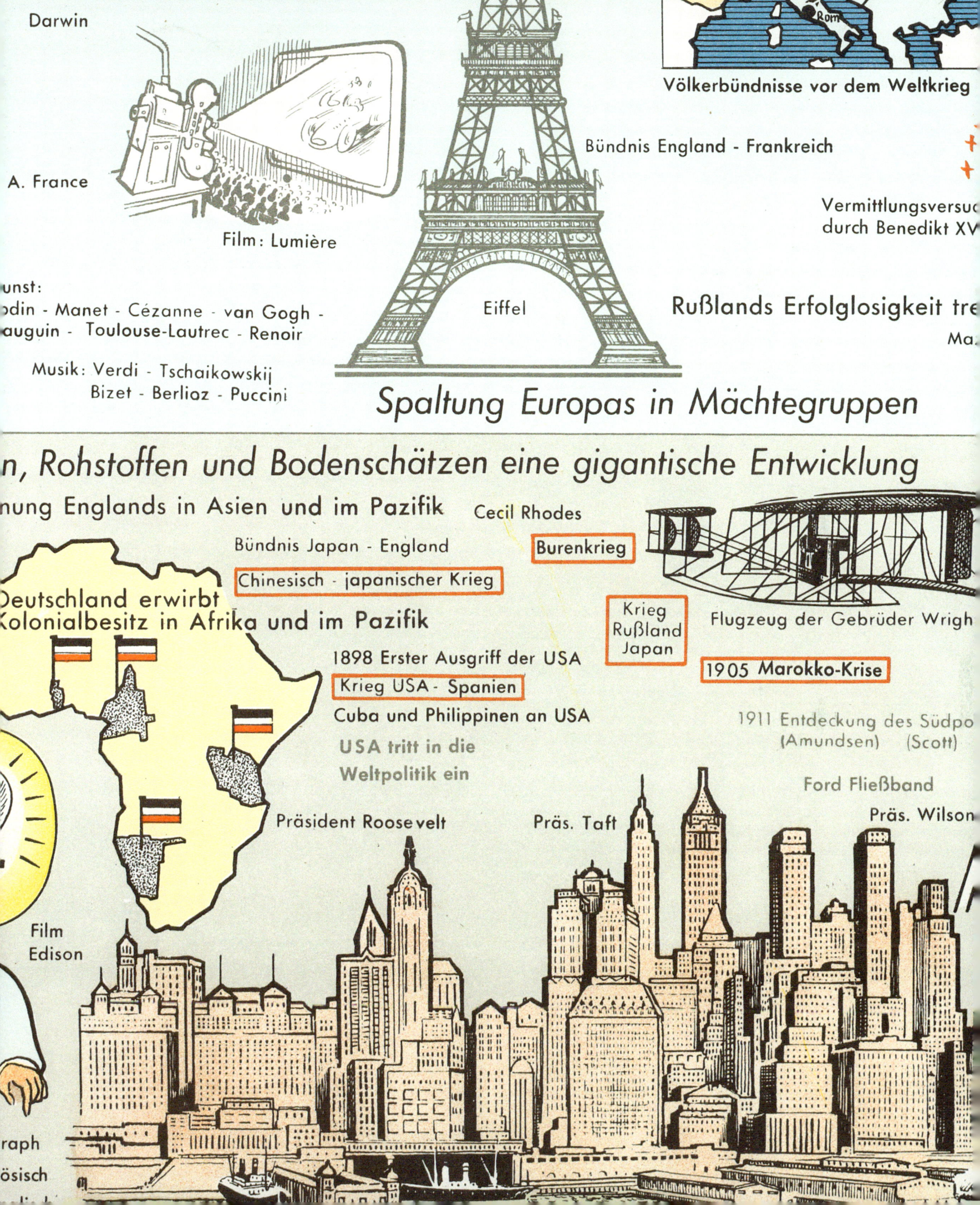

Darwin

A. France

Film: Lumière

...unst:
...odin - Manet - Cézanne - van Gogh -
...auguin - Toulouse-Lautrec - Renoir

Musik: Verdi - Tschaikowskij
Bizet - Berlioz - Puccini

Eiffel

Völkerbündnisse vor dem Weltkrieg

Bündnis England - Frankreich

Vermittlungsversu... durch Benedikt XV...

Rußlands Erfolglosigkeit tre...
Ma...

Spaltung Europas in Mächtegruppen

...n, Rohstoffen und Bodenschätzen eine gigantische Entwicklung

...nung Englands in Asien und im Pazifik

Cecil Rhodes

Bündnis Japan - England

Chinesisch - japanischer Krieg

Burenkrieg

Deutschland erwirbt ...olonialbesitz in Afrika und im Pazifik

Krieg Rußland Japan

Flugzeug der Gebrüder Wrigh...

1898 Erster Ausgriff der USA

Krieg USA - Spanien

Cuba und Philippinen an USA

USA tritt in die Weltpolitik ein

1905 Marokko-Krise

1911 Entdeckung des Südpo...
(Amundsen)   (Scott)

Ford Fließband

Präsident Roosevelt

Präs. Taft

Präs. Wilson

Film Edison

...raph
...ösisch

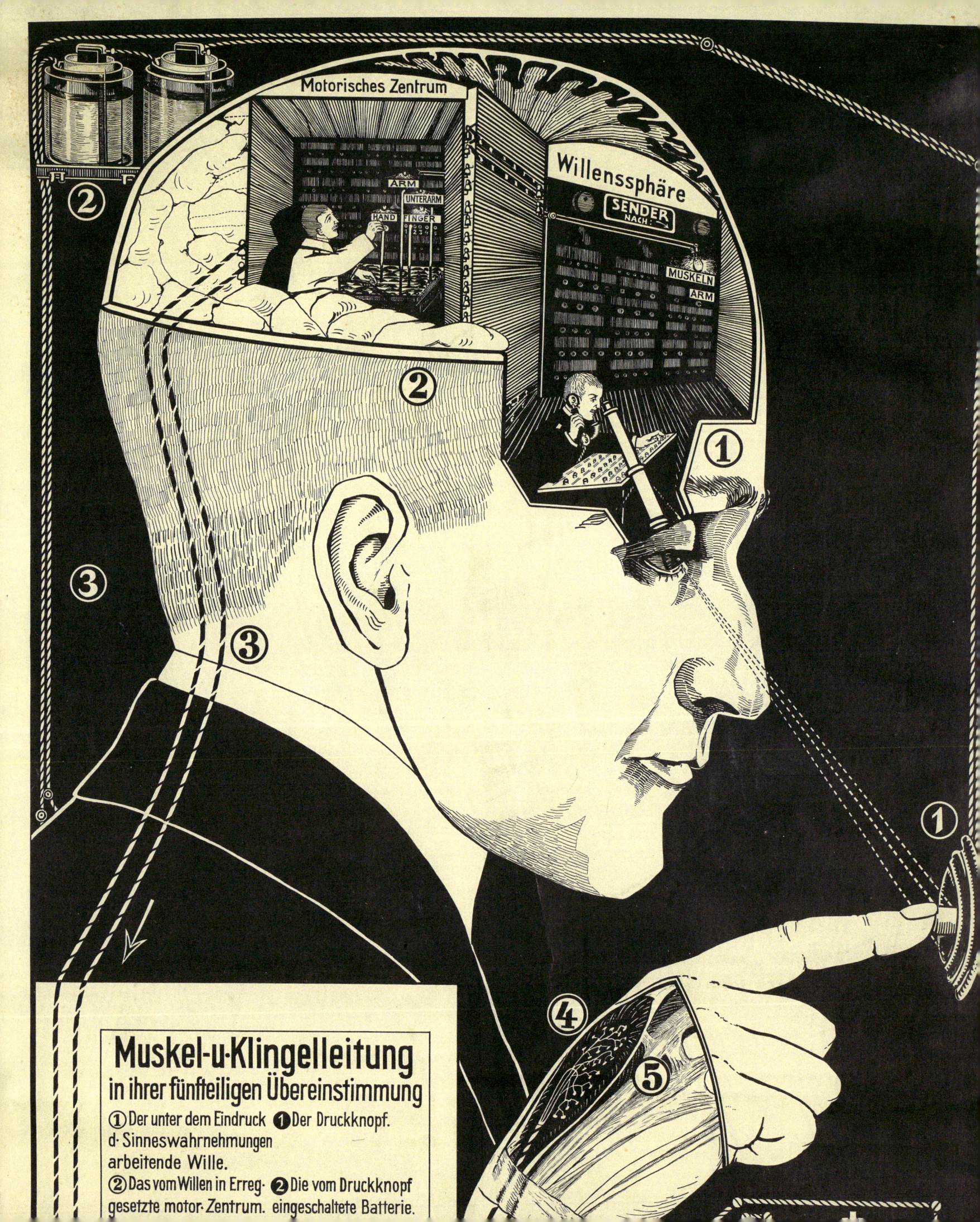

Ina Katharina Uphoff

Einleitung

Schulwandbilder – Visualisierungen des kulturellen Gedächtnisses

Schulwandbilder waren lange Zeit die einflussreichsten Bildmedien im Unterricht. Sie prägten über Generationen hinweg das schulische Lehren und Lernen sowie die »Sicht auf die Welt«. Bis weit in das 20. Jahrhundert hinein gehörten sie zur unabdingbaren Grundausstattung jeder Schule.

Heute sind Schulwandbilder wichtige Quellen der bildungs- und kulturwissenschaftlichen Forschung: Sie sind Zeugnisse der Schulgeschichte, Ausdruck historischer Erkenntnisstände sowie Abbilder kultureller Ein- und Ausgrenzungen. Sie geben als historische Quellen Auskunft über Zeitgeistströmungen sowie erzieherische, ästhetische, moralische und nicht zuletzt politische Einstellungen (vgl. Müller/Stach 1988, vgl. Uphoff 2010). Als Lehrmittel »erzählen« diese Bilder von den Unterrichtsinhalten vergangener Zeiten. In ihnen sind diejenigen Kenntnisse enthalten, die – kanonisch – in der Schule vermittelt und tradiert werden sollten. Schulwandbilder sind insofern Visualisierungen eines umfassenden kulturellen Gedächtnisses. In den Medienwissenschaften richtet sich das Interesse vor allem auf die grafische Gestaltung und die Bezüge der Schulwandbilder zur Geschichte der Infografik und zu gebrauchsgrafischen Kommunikationsformen im frühen 20. Jahrhundert (vgl. Doudova/Jacobs/Rössler 2018).

Gerade angesichts der gegenwärtig vorherrschenden Bilderflut, der Möglichkeiten des Internets, Bilder aus den entferntesten Winkeln der Welt mit einem Klick in die privaten Räume zu holen, lässt sich die damalige Wirkmacht von Schulwandbildern als statische Medien im Klassenzimmer kaum mehr nachvollziehen. Doch konnten diese Darstellungen bei den Schülerinnen und Schülern die Phantasie beflügeln und sie neue Welten entdecken lassen: Durch ihre Größe, ihre Farbigkeit und den Vorgang des Ausrollens und Aufhängens zur Präsentation hinterließen die Bilder einen bleibenden Eindruck. Und das Spektrum ihrer Motive war enorm: Schulwandbilder boten beispielsweise Einblicke in sämtliche Produktionsvorgänge vom Handwerk bis zur industriellen Fertigung, bezeugten biblische Gleichnisse, zeigten historische Entwicklungen auf, erklärten Funktionsweisen technischer Apparaturen und die Bedeutung von Recht und Gesetz. Zugleich reichten sie weit über den häuslichen Nahraum hinaus und stellten

Detail aus → F20

für viele Schülergenerationen ein Tor zur Welt dar: Erst über Schulwandbilder konnten sie andere Kulturen, fremde Tiere und außereuropäische Kontinente kennenlernen. Wie sieht eigentlich ein Elefant aus? Wie leben Menschen in Afrika? Schulwandbilder gaben auf ihre Weise Antworten und waren damit einbezogen in einen umfassenden Bildungsprozess.

Zur Geschichte des Schulwandbildes

Seit jeher räumte man in pädagogischen Kontexten der Anschauung und der Anschaulichkeit eine große Bedeutung ein. Der Pädagoge Johann Amos Comenius (1592–1670) verfasste zu diesem Zweck ein erstes Schulbuch mit Bildern, den berühmten *Orbis sensualium pictus* (1658), um die Anschauung der Welt an die schulischen Lernprozesse zu binden. Auch für beispielsweise Jean-Jacques Rousseau (1712–1778), Johann Heinrich Pestalozzi (1746–1827) und viele weitere berühmte Pädagogen war die Anschauung die Grundlage für gelingende Bildungs- und Lernprozesse – eine Hochschätzung des Visuellen, die sich in der gegenwärtigen Lehr-/Lernforschung fortsetzt. Schulwandbilder stehen in dieser Traditionslinie und können als die ersten entwicklungsbezogenen und schüleradressierten Bilder bezeichnet werden, die dem pädagogischen Primat der Anschauung allererst *didaktisch eigenständig* Gestalt verliehen. Die mitunter naiv wirkenden Darstellungen sind also Anschauungsmedien par excellence mit einer pädagogisch initiierten Ästhetik und Adressierung.

Die Geschichte des Schulwandbildes verweist in ihren Anfängen auf die Buchillustration. Es waren zum Teil vergrößerte Abbildungen aus Büchern, die zu den ersten Wandbildern zu zählen sind. Weiterhin wurden aus sogenannten Handbildern, die für die Betrachtung durch den einzelnen Schüler gedacht waren, später große, für alle gleichzeitig im Klassenzimmer sichtbare Bilder. Der Siegeszug des Schulwandbildes hing jedoch nicht nur vom pädagogischen Wunsch nach mehr Anschaulichkeit ab, sondern auch von der Entwicklung der Drucktechnik. Entscheidende Voraussetzungen für den sukzessiven Einzug des Wandbildes in die Schulen stellten die Erfindung der Lithografie durch Alois Senefelder (1771–1834) Ende des 18. Jahrhunderts und die im Laufe des 19. Jahrhunderts voranschreitende drucktechnische Weiterentwicklung dar. Erst infolge dieser Innovationen wurde es überhaupt technisch möglich und ökonomisch tragbar, eine Vielzahl von Wandbildern für die Schulen zu produzieren.

Die Entwicklung des Schulwandbildes verläuft also von der kleinen Abbildung (aus dem Buch oder der Sammelmappe) hin zum großformatigen, farbigen Wandbild als eigenständiges Unterrichtsmedium. Angeboten wurden diese Bilder, preislich gestaffelt, als bloße Papierbilder, gerollte Karten oder auf Karton kaschierte Drucke mit integrierten Ösen zur Aufhängung. Bis heute bekannt und im Gedächtnis geblieben sind vor allem die auf Leinwand gezogenen Rollbilder mit Holzstäben an den Ober- und Unterkanten. Während viele Schulwandbilder über ein Standardformat von ca. 60×90 cm verfügten, konnten insbesondere die Landkarten Maße von über 200×300 cm erreichen. Gelagert wurden die Bilder entweder aufgerollt an Wandträgern, oder sie wurden – wenn es sich um Flachkarten handelte – in speziellen Schulbilderschränken aufbewahrt, die eine übersichtliche Lagerung ermöglichten. Im Unterricht hingen die Bilder zumeist an Kartenständern und die Lehrkraft deutete mit dem Zeigestock nacheinander auf einzelne Szenen oder Details, die dann zum Gegenstand der Auseinandersetzung wurden. So begleiteten Schulwandbilder ganze Unterrichtsstunden. Teilweise wurden sie aber auch nur für den Einstieg in ein bestimmtes Thema herangezogen oder sie fassten am Ende einer Stunde durch ihre strukturierte Darstellung den Lehrstoff noch einmal gebündelt zusammen. In diesem Falle dienten sie primär der Ergebnissicherung. Wie Schulwandbilder im Unterricht eingesetzt werden sollten, lässt sich über Begleitkommentare und Handreichungen nachvollziehen. Diese Materialien wurden oftmals direkt von den Schulwandbildverlagen für die Lehrkräfte mit herausgegeben. Sie enthielten ausführliche Bildbeschreibungen, didaktische Hinweise und weiterführende Informationen zum Lehrstoff.

Eine andere wichtige Quelle zum Verständnis der Schulwandbilder sind die historischen Lehrmittelkataloge. Sie liefern in quantitativer Hinsicht eine Auflistung der Bilder, die auf dem Markt erhältlich waren und von Schulen erworben werden konnten. Bei einem Blick in diese Kataloge wird zudem deutlich, dass Schulwandbilder mehrheitlich zu ganzen Serien gehörten, die nicht selten über hundert Einzelbilder umfassten. Diese Anlage in Serien ist auch für die Deutung der Bilder wichtig, da mit der Serialität der größere visuelle und semantische Kontext sichtbar wird. Es war durchaus möglich, dass ein und derselbe Künstler die Ästhetik einer kompletten Serie prägte, oftmals waren Serien aber auch – in ihrer Heterogenität – Ausdruck mehrerer Illustratoren. Große Serien erschienen seit den 1870er Jahren vor allem für den ersten Anschauungsunterricht sowie für die Fächer Religion, Geografie, Geschichte, Naturkunde und Physik, wobei sich

einzelne Bilder dieser Serien mit zum Teil nur geringfügig veränderten Auflagen über Jahrzehnte hinweg auf dem Lehrmittelmarkt behaupteten (vgl. Müller 1997). Dabei gab es nicht *ein* Unterrichtsfach, für das keine Bilder hergestellt wurden – selbst im Musik- und Handarbeitsunterricht konnte man auf Bilder zurückgreifen.

Schulwandbilder wurden auch in anderen Ländern – vor allem in Europa – hergestellt; der deutsche Markt war jedoch führend und viele Verlagshäuser exportierten zugleich Bilder ins Ausland. Die Produktionszahlen waren immens, allein etwa für das Fach Naturkunde geht die Zahl

Verschiedene
Detailansichten eines
Rollwandbildes ·
Foto: Thorsten Kern

in die Tausende (Markert/Uphoff 2018). Allerdings wurde diese »Bilderflut« schon von Zeitgenossen nicht immer positiv bewertet, man sprach sogar von einer »Überproduktion«. So stellte ein Rezensent um 1900 heraus: »Tafelwerke aller Tendenzen, Gütegrade, Größen und Herstellungsorte überschwemmen den Markt und die mit ihrer Prüfung beauftragten Rezensenten und Lehrmittelkommissionen.« (Höller 1907, S. 4) Zum »Lob der Anschauung« gesellten sich also auch kritische Stimmen, die das Übermaß an Bildmedien für den Unterricht beklagten. Interessanterweise – und heutzutage nicht unbekannt – stellte man dabei den Bildern gerade die direkte Begegnung mit der Natur und ihrer Vielfalt gegenüber. Allein die Lebenswelt selbst erlaube *unmittelbare* Erfahrungen und diese seien weitaus wertvoller als die bloßen zweidimensionalen Abbilder der Welt im Klassenzimmer.

Ungeachtet dieser Kritik war das Schulwandbild mehr als hundert Jahre lang *das* zentrale Anschauungsmedium im Unterricht. Seine Blütezeit reichte vom letzten Drittel des 19. Jahrhunderts bis weit in das 20. Jahrhundert hinein. Die Bedeutung der Wandbilder blieb lange Zeit ungebrochen, selbst angesichts von Produktionseinbrüchen während der beiden Weltkriege und der vielen pädagogischen Paradigmenwechsel. Erst mit der zunehmenden Verbreitung technischer Projektionsmedien und im Zuge der Bildungsreform der 1960er und 1970er Jahre büßte das Schulwandbild seine unterrichtliche Relevanz ein. An die Stelle vormaliger Künstlerlithografien und später grafisch gestalteter Tafeln traten neuen Medien; das Schulwandbild wurde zum Relikt einer veralteten Unterrichtspraxis und – mit dem Wunsch nach Modernität – vielfach entsorgt. Heute sind Schulwandbilder zu beliebten Sammlerobjekten geworden.

Maikäfer · um 1956 ·
Interdidact, Schweden ·
Max Richter · [FHBW/30303]

Anforderungen an die schulischen Wandbilder
als Lehr- und Lernmittel

Die didaktische Aufgabe schulischer Wandbilder lag darin begründet, lehrplanbezogen, also unter Rückgriff auf administrative Vorgaben für den Unterricht, die Vielgestaltigkeit der Welt zu veranschaulichen. Mithilfe der Bilder sollten klare Vorstellungen vom Lerngegenstand entstehen und die Wissensvermittlung gefestigt werden. Die Bilder forderten auf, genau zu beobachten, Vorgänge exakt zu beschreiben, Bildinhalte zu benennen und Dargestelltes zusammenhängend zu erklären. Sie dienten somit nicht nur der visuellen Bildung, sondern zugleich der Förderung der Sprach- und Ausdrucksfähigkeit. Und mehr noch: Über die unmittelbare unterrichtliche Unterweisung hinaus waren die Bilder immer auch eingebunden in die ästhetische Geschmacksbildung und die pädagogisch erwünschte Ausbildung eines »sittlichen Charakters«.

Die Produktion von Schulwandbildern war zumeist das Ergebnis einer Zusammenarbeit von Verlagshäusern, Pädagogen und Künstlern oder Grafikern. Dabei waren es insbesondere Pädagogen und Lehrkräfte, die mit dem obersten Gebot der »Anschaulichkeit« Kriterienkataloge aufstellten, denen die schulischen Bilder gerecht werden sollten. Diese fanden sich in zeitgenössischen Fachzeitschriften und einschlägigen Kompendien wieder. Bei den Regeln für die Gestaltung von Anschauungsbildern ging es zuallererst um eine adressatengerechte Darstellung und im weitesten Sinne um »Gemeinfasslichkeit«. Bereits im Jahre 1851 wurde in einem Beitrag über »Bilder – Bilderbücher – Bildertafeln« in der *Paedagogischen Real-Encyclopädie* ein umfassender Regelkatalog vorgelegt und damit das »ideale« Schulwandbild umrissen: Dieses sollte altersadäquat sein, über »Treue und Wahrheit« verfügen und hatte »Rücksicht auf die Maßverhältnisse« (Praetor 1851, S. 319) zu nehmen. Auch das Prinzip der inhaltlichen Reduktion, verstanden als ein wesentlicher Beitrag zur Verständlichkeit der Bildinhalte, wurde hervorgehoben. So galt es, »nicht viele Gegenstände auf einem Blatte« (ebd., S. 320) aufzunehmen und darauf bedacht zu sein, dass »auch die einzelnen Theile an denselben noch deutlich [zu] unterscheiden« (ebd.) sind. Hinzu kamen die Orientierung an der Lebenswelt des Kindes und nicht zuletzt die sittliche Angemessenheit. Auf keinen Fall durfte »etwas Unsittliches sich einmischen« (ebd., S. 318). Solche Vorstellungen beförderten lange Zeit die Darstellung einer quasi »heilen«, mitunter idealtypischen Welt, die zum impliziten Leitmotiv wurde.

Anfang des 20. Jahrhunderts trat unter dem Einfluss der Kunsterziehungsbewegung zudem verstärkt der ästhetische Anspruch hinzu, der auf die geschmacksbildende Funktion von Schulwandbildern verwies: »Da wir der Schule von dem Guten nur das Beste zu wünschen haben, muß unbedingt an das Schulbild auch die Forderung künstlerischen Wertes herantreten.« (Piltz 1908, S. 618) Folgerichtig wurden oftmals bekannte Maler für die Gestaltung der Bilder herangezogen und die Verlagshäuser warben mit der »künstlerischen Güte« ihrer Lehrtafeln.

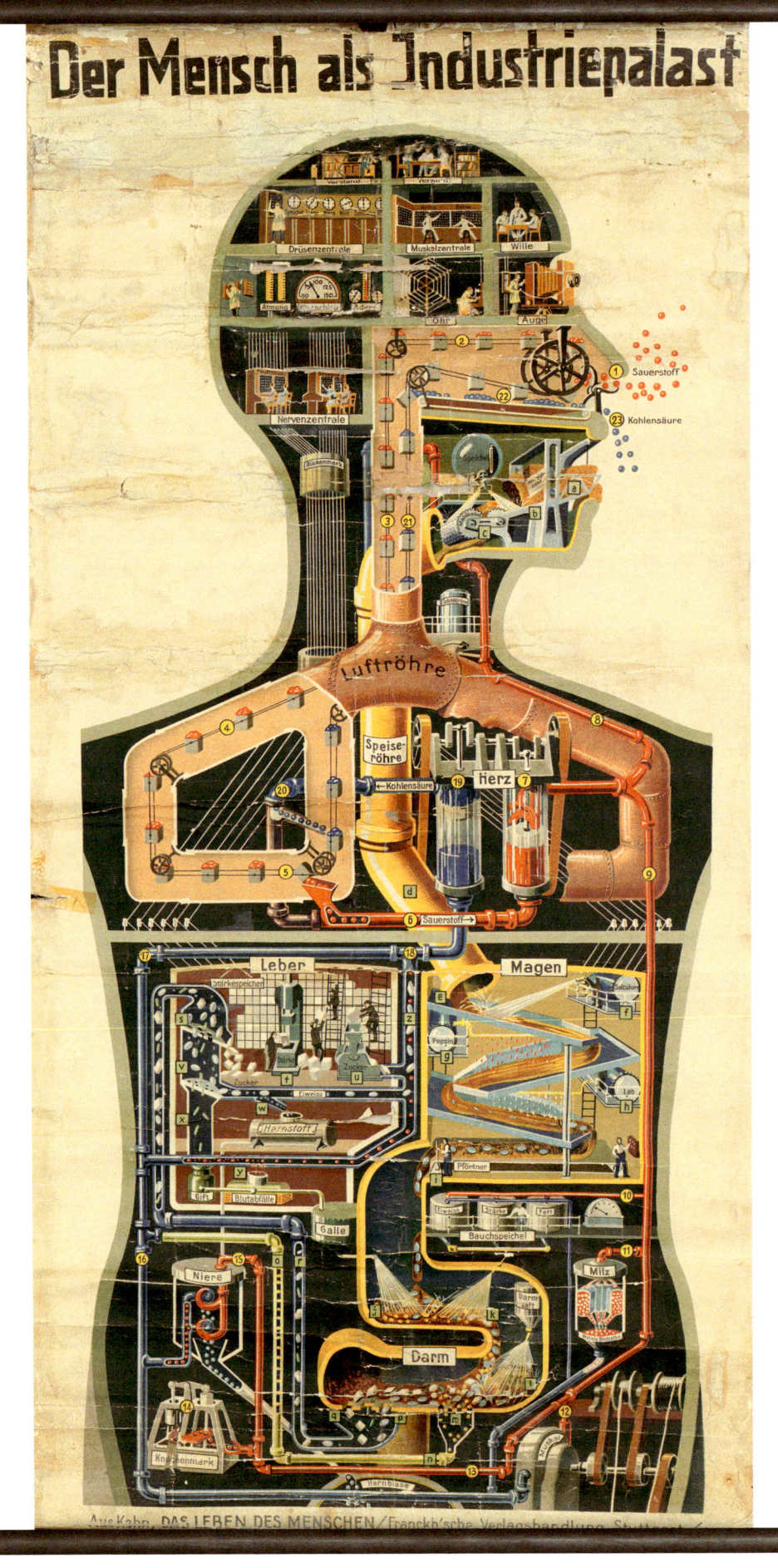

Ein unmittelbares Resultat kunsterzieherischer Bestrebungen zeigte sich auch in der Absicht, Schulräume mit künstlerischen Wandbildern auszuschmücken. Diese Bilder, vielfach Landschaftslithografien, stellten eine besondere Form des Schulwandbildes dar. Sie sollten gerade nicht an didaktischen Kriterien ausgerichtet sein, sondern eine künstlerische Atmosphäre in den Klassenräumen schaffen und auf das Kunstempfinden der Schülerinnen und Schüler gleichsam unterschwellig positiv einwirken. Für diese Bilder wurden eigens Wechselrahmen angeboten, die an den Wänden der Schulräume angebracht werden sollten. Der künstlerische Wandschmuck war also gerade durch das ästhetische Element definiert, das unter der Maxime »Kunst ins Volk, Kunst in die Schule« um 1900 den pädagogischen Diskurs beeinflusste (vgl. Uphoff 2003).

Der Mensch als Industriepalast · um 1920 · Franckh'sche Verlagshandlung, Stuttgart · Fritz Kahn · [FHBW/RK10869]

Schulwandbilder als Zeitzeugen

Schulwandbilder sind nicht nur als ästhetisch-pädagogische Artefakte aufzufassen, sondern vor allem auch als schulgeschichtlich relevante Dokumente, die Einblick in längst vergangene Lebenswelten geben und historische Entwicklungen aufzeigen können: Handwerkerbilder aus dem 19. Jahrhundert führen uns heute kaum mehr geläufige Werkzeuge vor Augen, auf den Großstadtbildern um 1900 sind noch Pferdekutschen zu sehen. Interessant ist es dann nachzuvollziehen, wann sich diese Darstellungen veränderten, d.h. wie schnell welche Innovationen Bestandteil der schulischen Bilderwelt geworden sind. Bezieht man dies beispielhaft auf technische Entwicklungen, so wird die Bedeutung maschineller Errungenschaften deutlich. In den Anfängen dominierten primär handwerkliche und agrarische Gerätschaften, die in ihrer Nutzung und ihrem Aufbau präsentiert wurden. In der Folgezeit hielt der Fortschritt auf Schulwandbildern Einzug. Visualisiert wurde der Bau von Großkraftmaschinen, die sich den Schülerinnen und Schülern fast »übermächtig« präsentierten. So sollte neben den zu erwerbenden technischen Kenntnissen auch der Fortschrittsoptimismus befördert werden.

Fließarbeit · 1953 · Der neue Schulmann, Stuttgart · [FHBW/1353]

Selbst der Mensch wurde in den 1920er Jahren zum »Industriepalast« (Fritz Kahn), seine Körperprozesse wurden auf Technik und Fließbandarbeit übertragen. In der Wirtschaftswunderzeit der 1950er Jahre waren Schulwandbilder schließlich Zeichen des Aufbruchswillens und dienten der Illustration der wieder erstarkten wirtschaftlichen Kraft in Westdeutschland. Zu den tragenden Säulen zählte insbesondere die Automobilindustrie. Dabei wurde gerade die Volkswagenproduktion zum Symbol des wirtschaftlichen Aufschwungs. Nicht zufällig griff der Schulwandbilderverlag

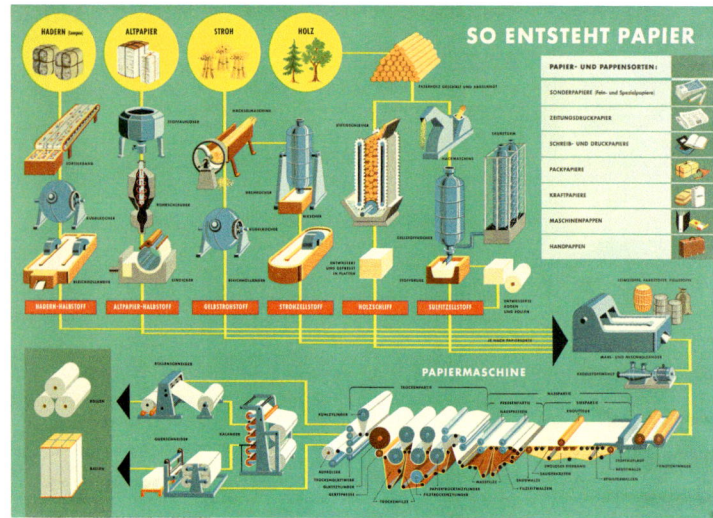

»Der neue Schulmann« diese Entwicklung auf und brachte 1953 das Bild »Fließarbeit« auf den Markt. Es zeigt eine Momentaufnahme aus der Herstellung des VW-Käfers, der in den 1950er Jahren Kultstatus erlangte und 1955 in der Produktion die Millionenmarke erreichte.

Schulwandbilder wurden in dieser Hinsicht gleichsam identitätsrelevant, schufen sie doch die Bilder einer neuen Gesellschaft. Für die Schulwandbildforschung ist die identitätsstiftende Funktion der Bilder ein eigenes Feld, auf dem sich Pädagogik, Didaktik, Kultur und Politik begegnen.

So entsteht Papier · um 1963 · Schropp'sche Lehrmittelanstalt K.G., Berlin · Wiesbaden · [FHBW/RKSCH507]

Politik der Bilder

Aussagekräftig ist besonders die Analyse von Geschichtsbildern, die über die nationale Geschichte hinaus auf eine Politik- und Kulturgeschichte transnationaler Begegnungen verweisen. Verbindendes Element innerhalb dieser Prozesse ist die Stiftung von Identität. Diese konstituiert sich gerade über das, was erinnert und bewahrt werden sollte. Unter geschichtswissenschaftlicher Perspektive zeigen sich schulische Wandbilder als Ausdruck nationaler Selbstverständnisse und als unterstützende Medien in der Erfindung kollektiver Identitäten. Über sie wurde in der flächendeckenden schulischen Unterweisung ein nationales Selbstbild in der Auseinandersetzung von Eigenem und Fremdem entworfen und tradiert. Bei vielen Schulwandbildern legten sich nationale Interpretationsmuster wie eine zweite Schicht über historische Szenerien – mit ihnen ließ sich das Gemeinsame der Nation verstärken. Was aber sollte erinnert werden? Kulturgeschichtliche Schulwandbilder um 1900 zeigen Begebenheiten und Schlachten, die im 21. Jahrhundert von Laien oftmals kaum mehr eingeordnet werden können. Über Schulwandbilder lässt sich nachzeichnen, wie sich das Gedenken gleichsam »verschoben« hat und somit andere historische Ereignisse im kollektiven Gedächtnis bestimmend werden sollten.

Damit wird ebenso deutlich, dass Schulwandbilder immer auch politischen Interessen gehorchten. Deren Zielsetzungen veränderten sich in Abhängigkeit vom herrschenden politischen System. So unterstützen die schulischen Bildmedien im Kaiserreich v.a. die vaterländische Erziehung und den »Untertanengeist«. Der kaiserzeitliche Unterricht stand im Dienst eines amtlich verordneten konservativen Patriotismus. In der Zeit des Nationalsozialismus wurden Wandbilder zur gezielten Indoktrination eingesetzt. Neue Schulwandbilder für den rassen- und vererbungskundlichen Unterricht beförderten den nationalsozialistischen Rassenwahn, andere Bilder dienten der Glorifizierung des »Dritten

Reiches«. Dabei war die indoktrinierende Wirkung mitunter subtil, so wie bei dem scheinbar harmlosen Märchenbild »Dornröschen« von 1936. Die propagandistische Ebene offenbart sich erst bei genauer Betrachtung: Dornröschen wird nicht mit einem Kuss aufgeweckt, sondern mit dem Hitlergruß. Im Begleitkommentar wird demgemäß von der erstrebten »Erweckung des deutschen Volkes« durch den Führer gesprochen.

Dornröschen · 1936 · Der neue Schulmann, Stuttgart · L. Martin · [FHBW/1199.2r]

Das nationalsozialistische Bildmaterial wurde nach dem Zweiten Weltkrieg aus den Schulen entfernt. Wiederum kamen neue Schulwandbilder auf den Markt, denn schließlich entstand mit der Gründung der Bundesrepublik ein gesellschaftliches und bildungspolitisches Aufgabenfeld von größter Tragweite: die Erziehung zur Demokratie. Schulen waren dafür die zentralen Orte – ihnen wurde in der jungen Bundesrepublik die Funktion zugeschrieben, die demokratische Verfassung, den liberalen und sozialen Rechtsstaat transparent zu machen und über die Rechte und Pflichten der Bürger des neuen Staates aufzuklären. Dafür wurden auch Schulwandbilder eingesetzt. So entstanden in der Nachkriegszeit eine Reihe von Wandbildern, die mit den Themen »Grundrechte«, »Rechtsordnung« oder »Staatsaufbau« die Akzeptanz für die parlamentarisch-demokratische Republik unterstützen sollten. In der DDR war es ab 1954 insbesondere das deutsche Zentralinstitut für Lehrmittel (DZL), das mit der Prüfung, Zulassung und Herstellung von eigenen Lehrmitteln betraut wurde.

Mit den neuen Inhalten und Anforderungen wandelten sich auch die Darstellungsformen. Längst präsentierten Schulwandbilder keine biedermeierlichen Idyllen mehr, warteten nicht länger mit heroischen Szenen auf oder griffen auf Elemente des Jugendstils zurück. Stattdessen wurden die Schulwandbilder modernisiert und erhielten ein neues Design: Perspektiven verschoben sich, Inhalte wurden versachlicht, Grafiker wurden mit der Gestaltung betraut. Allein die Erforschung des sich verändernden grafischen Stils der Schulwandbilder ist aufschlussreich und unterstreicht den – auch interdisziplinären – Quellenwert dieses schulhistorischen Materials.

Schulwandbilder – kontrovers

Die Geschichte des schulischen Wandbildes ist zweifellos eine Erfolgsgeschichte, deren Rekonstruktion den Stellenwert, die Funktion und die inhaltliche Ausrichtung schulischer Wandbilder im Wandel der Zeit erhellen kann. Sowohl die Fülle der produzierten Bilder als auch die zahlreichen Publikationen, die zu ihrer didaktischen Nutzung geschrieben wurden, sprechen für sich und verweisen auf eine gewichtige Phase in der Schul- und Bildungsgeschichte. Wie schon angesprochen, ist jedoch auch zu erwähnen, dass Schulwandbilder nicht gänzlich unumstritten waren. Während radikale Kritiker des Bildereinsatzes in der Schule die Erfahrung in der Lebenswelt selbst und das Naturobjekt jedem Medium vorziehen wollten, beklagten gemäßigtere Stimmen vor allem die »Fehlformen« mancher Bilder, die dazu führten, dass falsche Vorstellungen entstehen würden. Obgleich die Mehrzahl der auf dem Lehrmittelmarkt verfügbaren Bilder den zentralen Anforderungen genügten, gab es in der Blütezeit des schulischen Wandbildes auch Tafeln für den Unterricht, die die zeitgenössische Kritik auf sich zogen. Diese Kritik lässt sich heute – beinahe unterhaltsam – in früheren Lehrmittelzeitschriften nachlesen, in denen neue Wandbilderserien rezensiert wurden (vgl. Uphoff 2004). Bemängelt hat man mehrheitlich inhaltliche Überfrachtungen und realitätsferne Darstellungen. Dabei lag der Grund für derartige Verstöße gegen die Gestaltungskriterien guter Schulwandbilder nicht in der generellen Missachtung pädagogischer und didaktisch-methodischer Grundsätze, sondern in deren Überbetonung. Man wollte gleichsam zu viel des Guten!

Gerade Bilder für die unteren Stufen der Volksschule waren für solche Fehlformen »anfällig«, da sie inhaltlich sehr komplex waren, um eine Unterrichtsstunde umfassend gestalten zu können. Die inhaltliche Komplexität zog dann leicht die Missachtung der Wirklichkeitstreue nach sich. So wurden einerseits zu viele Dinge dargestellt, andererseits führte die gestalterische Überladung dazu, dass z.B. verschiedene Handlungen nebeneinander angeordnet waren, die in der Realität räumliche Distanz erforderten. In diesem Sinne zeigte z.B. das Bild »Wald« der Serie *Wilkes Bildertafeln für den Anschauungsunterricht* nach Ansicht eines Kritikers »unwahres Leben« (Schneider 1889, S. 74): »Der Jäger schießt auf drei Schritte Entfernung, von der Arbeitsstätte der Holzhauer aus, auf einen Hasen, während in Schußweite Hirsche grasen, von dem Fuchs, der Eule und anderem Getier nicht zu sprechen.« (ebd.)

Bilder konnten aber auch schlichtweg fehlerhaft sein. So etwa die Darstellung zur »Entdeckung der Röntgenstrahlen« aus dem Jahre 1952. Zwar war das Bild in der Lage, den Betrachter zu fesseln, der die spannungsgeladene Situation quasi »miterleben« konnte – in der gezeigten Weise hatte Wilhelm Conrad Röntgen (1845–1923) die nach ihm benannten Strahlen jedoch nicht entdeckt. Das Wandbild gab ein falsches Bild des Versuchsvorgangs wieder.

Die Kritik an den von Künstlerhand gezeichneten Bildern führte sehr früh zur Einbindung von Fotografien in das Sortiment der schulischen

Wald · 1875 · Verlag von Friedrich Wreden, Braunschweig · A. Toller · Foto: AU library, Campus Emdrup (DPB)

Anschauungsmedien, da ihnen der Nimbus der Objektivität anhaftete. Ihr Auf-
kommen korrelierte mit einem wissenschaftsorientieren Anspruch, das Subjektive
durch den Blick des Künstlers auszuschalten und einer »mechanischen Objektivität« Raum zu geben. Bereits Anfang des 20. Jahrhunderts brachte der Leipziger
Voigtländer Verlag sogenannte »Wirklichkeitsbilder« auf den Markt und teilte
selbst dazu mit, dass diese Bilder »unter den Anschauungsbildern eine gänzlich
neue Gruppe« darstellen würden. »Bisher wurde der Künstler, oft auch nur der
Zeichner, dazu angehalten, das gegebene Thema im Anschauungsbilde möglichst
vollständig zu erschöpfen. Auf dem beschränkten Raum musste jede Tätigkeit zu
sehen sein. [...] Unnatur, aber keine Wirklichkeit. Die Wirklichkeitsbilder dagegen
beruhen auf der unwandelbaren Wahrheitstreue der Photographie [...]. So stellen
diese Bilder Wirklichkeit bis ins kleinste dar.«

Selbst diese anscheinende Wirklichkeitstreue, die in den Folgejahren immer
mehr dazu führte, dass Verlage bei Schulwandbildern auf fotografische Aufnahmen zurückgriffen, konnte es aber letztlich nicht verhindern, dass am Ende
andere Medien das Schulwandbild ersetzen sollten.

Kurzum: Schulwandbilder zeigten sich vielgestaltig, so wie die Geschichte
selbst; sie waren stets Grenzgänge zwischen Sachanspruch, Normativität,
Adressiertheit und Ästhetik. Sie waren Ausdruck einer Vorstellung von
Welt oder eines visuellen Kosmos, der in den Klassenräumen Einzug erhielt.
Vielleicht ist es gerade diese besondere ästhetische Sicht auf die Welt, die die
Faszinationskraft von Schulwandbildern ausmacht und die Frage nach dem ge-
stattet, was durch das Ende des Schulwandbildes »verloren« ging: Immerhin
forderten Schulwandbilder von Schülerinnen und Schülern das Sehenlernen,
eine besondere Ausdrucksfähigkeit, sie kultivierten in ihrer Materialität pro-
duktive Langsamkeit unterrichtlicher Prozesse, gaben oft ein Verständnis für
Systematiken und vermittelten ein Gespür für das historische Bewusstsein. Vor
allem waren sie geprägt von einer frühen Vorstellung von Interdisziplinarität,

wurden sie doch nicht selten auch für mehrere Fächer nutzbar entworfen, sodass Wissen unterschiedlicher Provenienz zusammenkam und im Zusammenhang gelernt wurde.

Es bleibt offen, ob die heutzutage wieder aufscheinende Attraktivität von Schulwandbildern – nunmehr als Schmuck für private Räume – lediglich dem nostalgischen Empfinden zuzuschreiben ist oder ob Schulwandbilder in ihrer Formensprache, Anordnung und der geordneten Übersicht doch mehr über unsere Visualisierung von Kultur und Gesellschaft aussagen, als uns bewusst ist.

Die nachfolgenden Schulwandbilder und Wandkarten – gleichwohl in ihrer Herkunft und Genese aus heutiger Sicht historisch – entstammen vorwiegend den 1960er und 1970er Jahren und somit einem ästhetisch-visuellen Nahbereich, der zu unseren schulischen Erinnerungen und zum kollektiven Bildgedächtnis gehört. Zugleich erhält man über diese Bilder einen Eindruck vom Ausklang ihrer Geschichte. Die Auswahl folgt weniger einer strengen Systematik oder einer historischen Abfolge, sondern sie soll vielmehr Einblick in die kompositorische, thematische und adressatenorientierte Vielgestaltigkeit der Darstellungen und damit in die Eigenlogik schulischer Bilderwelten geben. Diese sind bis heute Teil unserer visuellen Kultur und finden in aktuellen Infografiken gestalterisch vielfach ihre Fortsetzung. Die Bilder sind in der Folge gruppiert nach schulischen Bildungs- und Lernbereichen. In den kurzen Einleitungstexten werden zumeist historische Zusammenhänge und exemplarische Bilder in den Blick genommen. Der sich daran jeweils anschließende Bilderteil lädt zur eingehenden Betrachtung und zum interessierten Verweilen ein.

Literatur

Helena Doudova, Stephanie Jacobs, Patrick Rössler: *Bildfabriken. Infografik 1920–1945. Fritz Kahn, Otto Neurath et al.* Leipzig 2018.

Konrad Höller: *Das Bild im naturgeschichtlichen Unterricht. Eine pädagogische Studie. Zugleich ein Ratgeber für Lehrer und Schulbehörden.* Leipzig 1907.

Michael Markert, Ina Katharina Uphoff: Für das Studium der Natur – Die Produktion und Rezeption naturkundlicher Schulwandbilder um 1900. In: *International Journal for the Historiography of Education,* 8. Jg. 2018, 1, S. 42–63.

Walter Müller: Zur medienpädagogischen Bedeutung schulischer Anschauungsbilder im Zeitalter technischer Bilder. In: Max Liedtke (Hrsg.): *Kind und Medien. Zur kulturgeschichtlichen und ontogenetischen Entwicklung einer Beziehung.* Bad Heilbrunn 1997, S. 281–310.

Walter Müller, Reinhard Stach (Hrsg.): *Schulwandbilder als Spiegel des Zeitgeistes zwischen 1880 und 1980.* Opladen 1988.

Ernst Piltz: Bilder. In: Wilhelm Rein (Hrsg.): *Encyklopädisches Handbuch der Pädagogik.* Langensalza 1903, S. 617–621.

M. Praetor: Bilder – Bilderbücher – Bildertafeln. In: Carl Gottlob Hergang: *Paedagogische Real-Encyclopädie.* Grimma 1851, S. 318–320.

Johannes Schneider: *Das Bild und seine Verwertung im Anschauungsunterricht,* Osnabrück 1889.

Ina Katharina Uphoff: *Der künstlerische Schulwandschmuck im Spannungsfeld von Kunst und Pädagogik. Eine Rekonstruktion und kritische Analyse der deutschen Bilderschmuckbewegung Anfang des 20. Jahrhunderts.* Berlin 2003.

Ina Katharina Uphoff: Schulwandbilder als Lehr- und Lernmittel – Licht- und Schattenseiten einer Erfolgsgeschichte. In: *Zeitschrift für Museum und Bildung,* 62/2004, S. 17–27.

Ina Katharina Uphoff: Schulwandbild. In: Kurt Franz, Günter Lange, Franz-Josef Payrhuber (Hrsg.): *Kinder- und Jugendliteratur. Ein Lexikon.* 40. Ergänzungslieferung Oktober 2010, S. 1–17.

Offsetdruckerei Fricke & Co. Stuttgart

Der Kreislauf der Stoffe im Baum

Nach einem Original von W. Goertzen

Verlag Der praktische Schulmann Stuttgart

Nr. 115

Text dazu im „Schulmann" Heft 8/1930

A

Erdkunde, Allgemeine, mathematische und physische Geografie, Geologie, Heimatkunde, Himmels- und Wetterkunde

Erde und Planeten

→ Serientitel: Stockmanns Bildkarten zur Erdkunde; Haack, Physikalischer Weltatlas; Schmidt, Wandtafeln zur mathematischen Geographie; Meinholds Wolkentafeln für den Schulunterricht; Ad. Lehmann's geographische Charakterbilder; Hirt, Hauptformen der Erdoberfläche; Jaeger, Unser Mond

Wer erinnert sich nicht an die riesigen Landkarten, die die eigene Körpergröße weit übertrafen. Diese Karten gehören bis heute zu unserem Bild vom erdkundlichen Unterricht. Ergänzend zu ihnen wurden im 19. und 20. Jahrhundert sogenannte geografische Charakter- oder Typenbilder herausgebracht. Sie zeigten Landschaftsformationen aus der ganzen Welt. Es handelte sich hier zunächst um künstlerische Lithografien – ab den 1960er Jahren wurden vermehrt fotografische Aufnahmen eingesetzt. Neben erdkundlichen Grundbegriffen und geografischen Besonderheiten kam die Erde zudem als Rohstofflieferant in den Blick. Die Klimakatastrophe war auf Schulwandbildern noch kein Thema – im Zuge der Himmels- und Wetterkunde wurden mithilfe der Bilder aber Temperaturveränderungen und die Wetterentwicklung ebenso wie der Weltraum und seine Planeten im Unterricht behandelt. Vor allem die Bewegung von Erde und Mond ließ sich mithilfe von Tellurien und schulischen Wandbildern gut veranschaulichen. Seit den 1950er Jahren galt dem Erdtrabanten durch die Mondforschung eine besondere Aufmerksamkeit: So gelangten auch Aufnahmen der sowjetischen Mondsonde Lunik III aus dem Jahre 1959 über Schulwandbilder ins Klassenzimmer.

Detail aus → A03

37

Die Hauptformen der Erdoberfläche. Herausgegeben zur Ergänzung der E. v. Seydlitz'schen Geographie. Verlag von Ferdinand Hirt in Breslau, Am Königsplatz 1.

Die Alpen
(Berner Oberland)

DIE ERDE

Haack - Painke

Justus Perthes Darmstadt

1:24 000 000

1 : 6 000 000

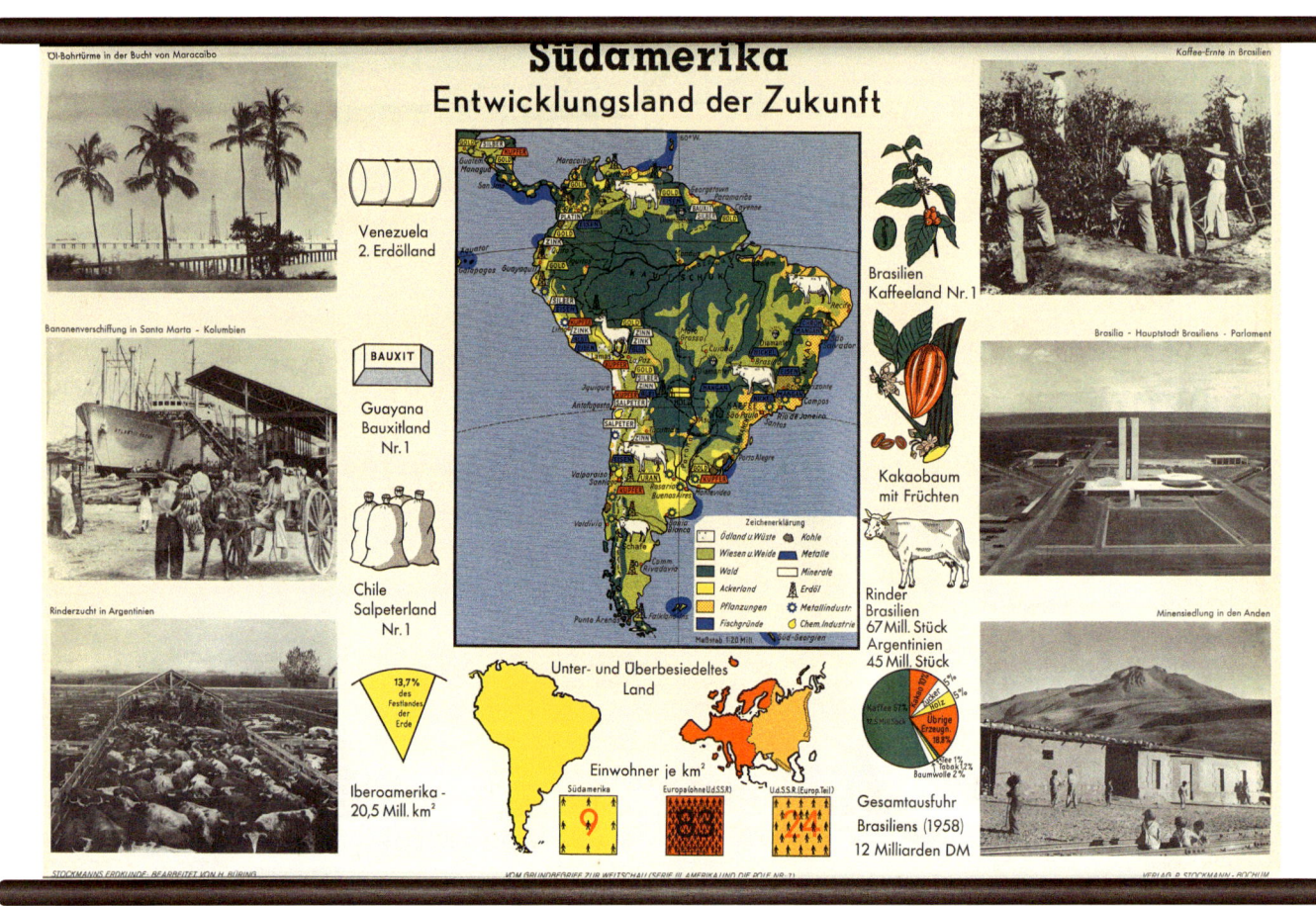

46

A07

A08

PLATIN
EISEN
GOLD
ZINK
GOLD

Bogota
Smaragde
Diamanten
Cayenne

BAUXIT
SILBER
GOLD

Quito
Iquitos

Manáus
Amazonas
Belém

K A U T S C H U K

SILBER
EISEN
KUPFER
ZINK
BLEI
EISEN

Lima

GOLD
ZINN
ZINK
BLEI

Lamas
La Paz

Mato Grosso
Cuiabá

Diamanten

CHROM
MANGAN

Sã
Salv

KAKAO

KUPFER

GOLD
SILBER
ZINN
BLEI

Iquique

KUPFER
SALPETER

Antofagasta

SALPETER

Tucumán

ZINN

EISEN

Valparaiso
Santiago

KUPFER

URAN

Rosario
Buenos Aires

HOLZ

Asunción

MANGAN

NICKEL

Brasilia

Diamanten

NICKEL

KAFFEE

São Paulo

BANANEN

Paraná

GOLD

KUPFER

Montevideo

EISEN

Bela Horizonte

MANGAN
Campos

Rio de Janeiro
Santos

Porto Alegre

Valdivia

Schafe

Bahia
Blanca

Comm.
Rivadavia

Zeichenerklärung

Ödland u. Wüste		Kohle
Wiesen u. Weide		Metalle
Wald		Minerale

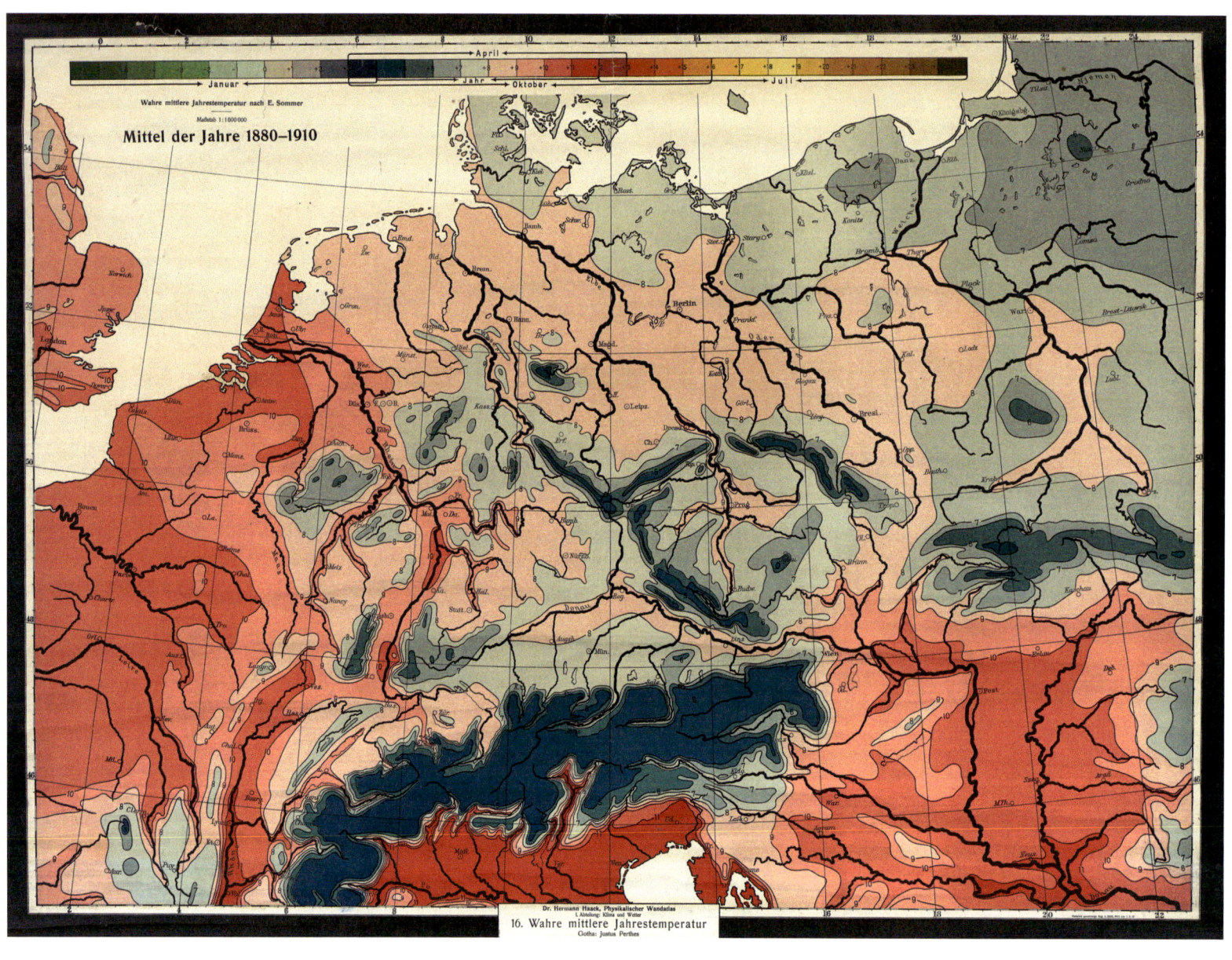

Wahre mittlere Jahrestemperatur nach E. Sommer

Maßstab 1:1600000

Mittel der Jahre 1880–1910

16. Wahre mittlere Jahrestemperatur

Dr. Hermann Haack, Physikalischer Wandatlas
I. Abteilung: Klima und Wetter
Gotha: Justus Perthes

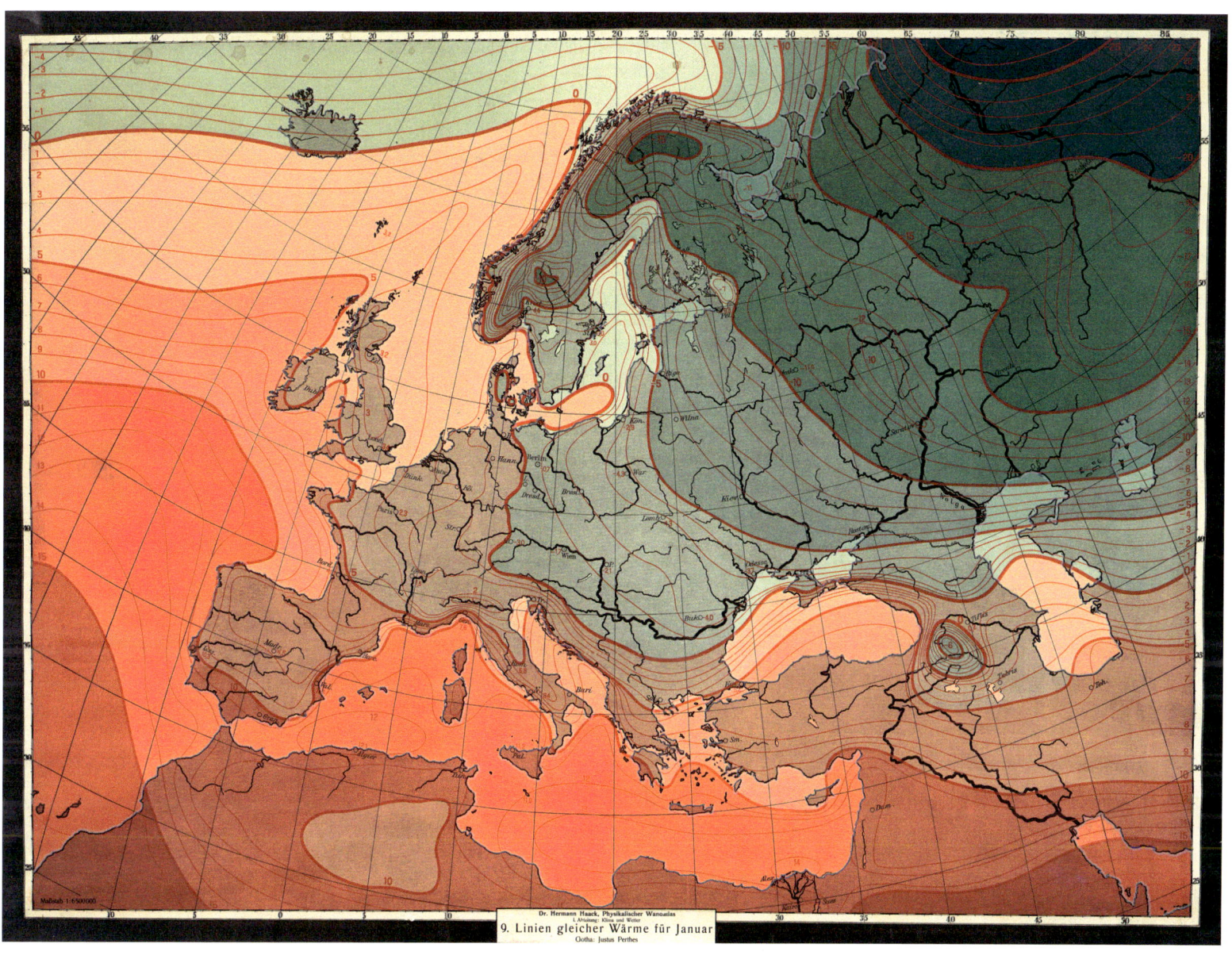

DIE KLIMATE DER ERDE

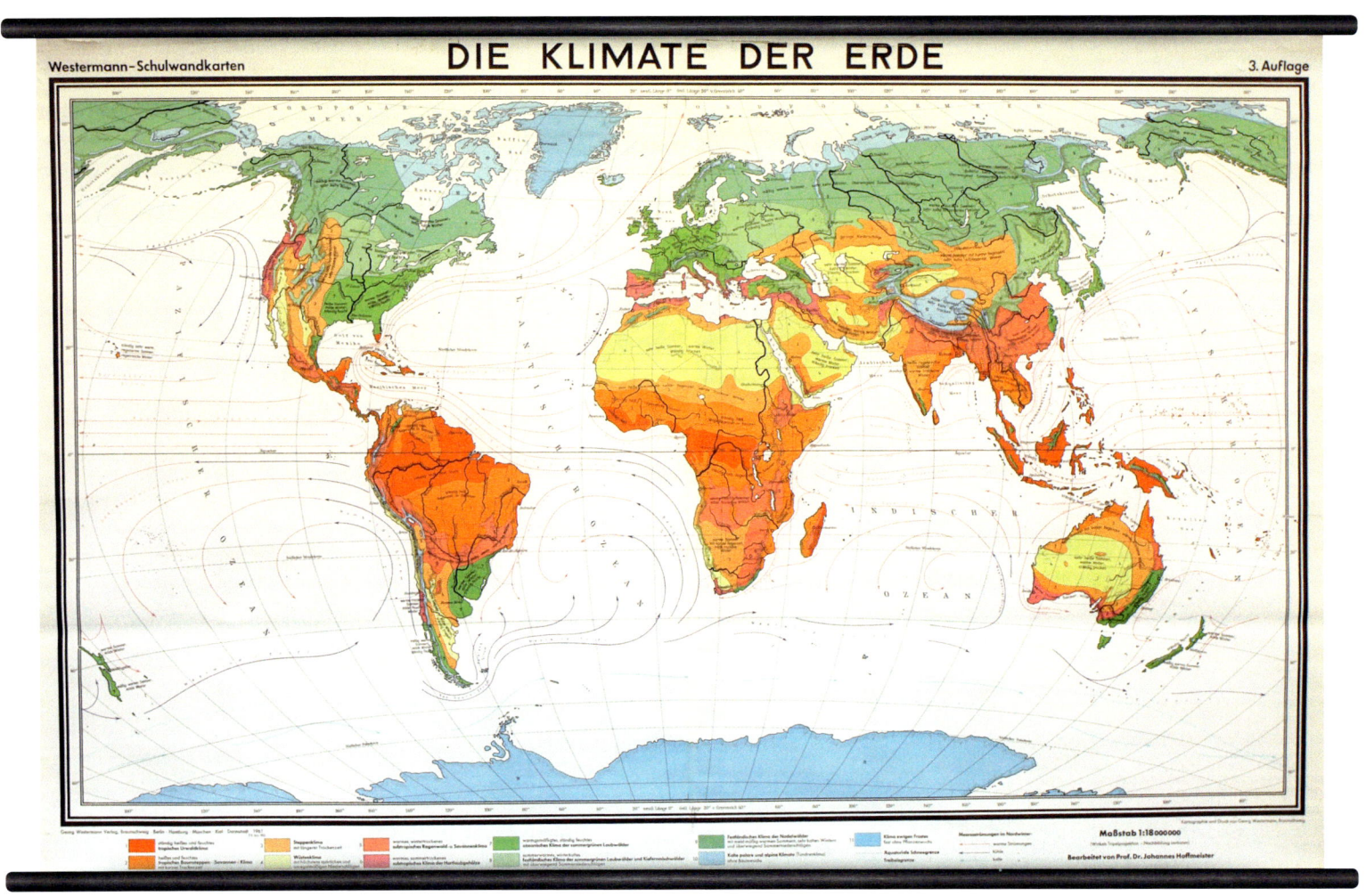

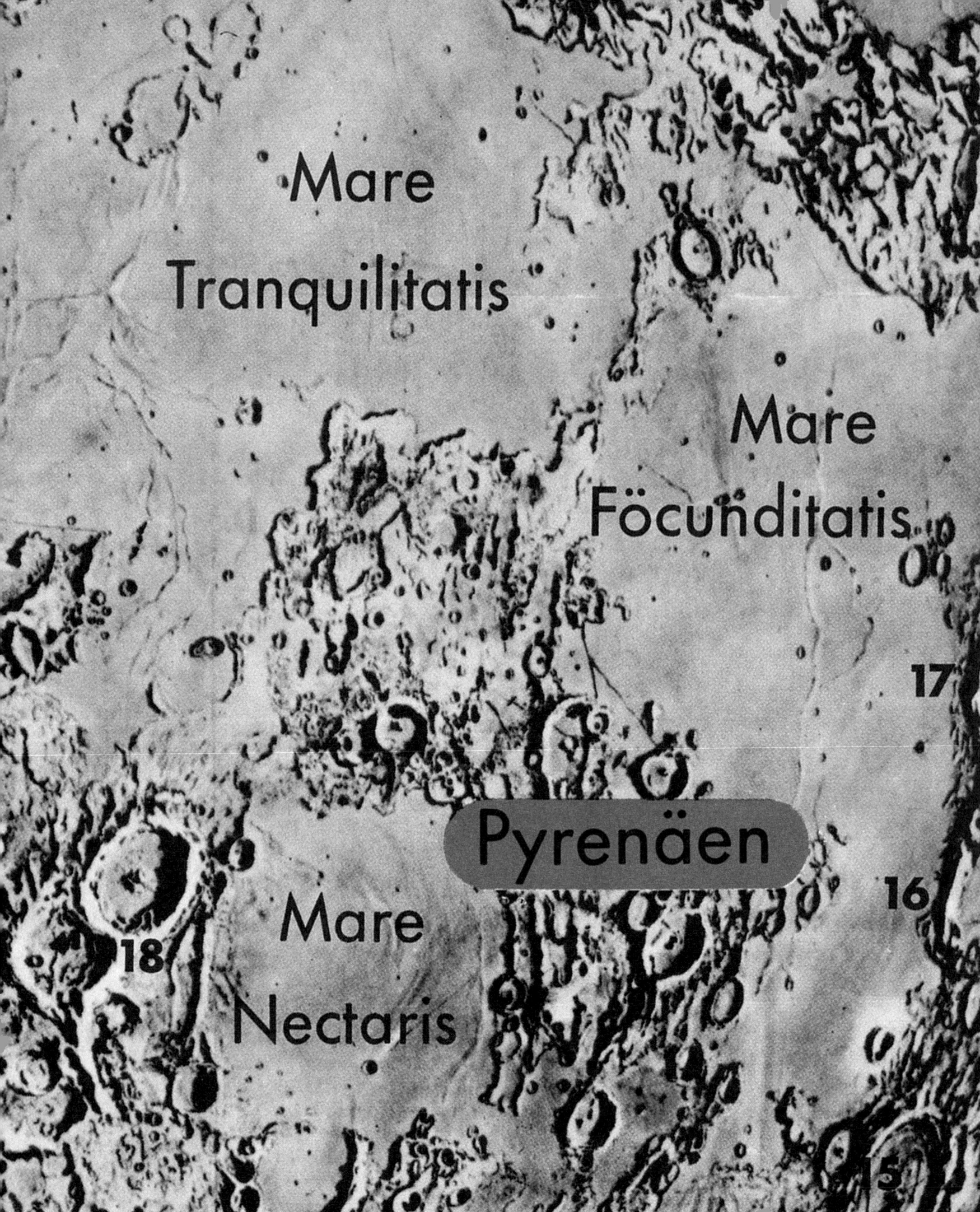

Mare
Tranquilitatis

Mare
Föcunditatis

17

Pyrenäen

16

18 Mare

Nectaris

5

UNSER MOND

Der Erde zugewandte Seite   **Stellung des Mondes: wie das Auge ihn sieht**

Rückseite des Mondes,
aufgenommen am 7.10.1959 von Bord der sowj.
automatischen interplanetarischen Station (Lunik III).

Karte der Rückseite des Mondes,

Mondmare *		Mondgebirge	Höhe bis
Mare Imbrium	— Regenmeer	Alpen	4000 m
Mare Serenitatis	— Meer der Heiterkeit	Kaukasus	6000 m
Mare Tranquilitatis	— Stilles Meer	Hämus-Gebirge	2700 m
Mare Crisium	— Krisenmeer	Apenninen	6500 m
Mare Föcunditatis	— Meer der Fruchtbarkeit	Kordillieren	5000 m
Mare Nectaris	— Honigmeer	Pyrenäen	3900 m
Mare Nubium	— Wolkenmeer	Altai-Gebirge	4300 m
Mare Humorum	— Feuchtigkeitsmeer	Karpathen	2300 m
Mare Frigoris	— Kältemeer	Südliches Kraterfeld	8000 m
Mare Vaporum	— Dunstmeer	Nördliches Kraterfeld	3000 m
Oceanus Procellarum	— Ocean der Stürme	Leibniz-Gebirge	8500 m
Sinus Roris	— Taubucht		
Sinus Medii	— Mittelbucht		
Lacus Solis	— Sonnensee		
Sinus Iridum	— Regenbogenbucht		

* Die Mondmare sind keine Meere, sondern sandige, staubige,
von kleinen Kratern durchsetzte Ebenen.

Mondtäler (Rillen)
a) Alpenquertal, Länge :   130 km
b) Rheita-Tal, Länge :   180 km
und andere Täler und Rillen.

Mondkrater (Durchmesser in km)

1	Plato	100 km	14	Clavius	220 km
2	Aristillus	55 km	15	Petavius	160 km
3	Archimedes	100 km	16	Vendelinus	150 km
4	Eratosthenes	60 km	17	Langrenus	140 km
5	Kopernikus	90 km	18	Cyrillus	90 km
6	Kepler	35 km	19	Manilius	40 km
7	Grimaldi	200 km	20	Plinius	50 km
8	Gassendi	80 km	21	Posidonius	100 km
9	Ptolemaeus	140 km	22	Atlas	90 km
10	Hipparch	155 km	23	Eudoxus	65 km
11	Albategnius	120 km	24	Aristoteles	100 km
12	Alphonsus	110 km	25	Endymion	125 km
13	Tycho	80 km	26	De la Rue	120 km

und noch viele Tausend andere Krater.

Höhe der Kraterwälle (gem. vom Kraterboden) 1000 m - 7000 m

Maßstab: 1 : 3 700 000   1 cm ≙ 37 km.

Weitere Angaben über den Mond

1. Mittlere Entfernung Erde-Mond: 384.000 km = 30 Erddurchmesser
2. Durchmesser: 3476 km   27% (ca.) des Erddurchmessers
3. Oberfläche: 38 Millionen km²   7,5% ($\frac{1}{13}$) der Erdoberfläche
4. Volumen : 22 Milliarden km³ $\frac{1}{49}$ des Erdvolumens
5. Masse (Gewicht): 73,5 Trillionen t $\frac{1}{81}$ der Erdmasse
6. Dichte: 3,342 g/cm³   ($\frac{3}{5}$ der Erddichte (5,52 g/cm³)
7. Schwerkraft: $\frac{1}{6}$ der Schwerkraft der Erde
   (6 kg Gewicht auf der Erde = 1 kg Gewicht auf dem Mond)
8. Rotationszeit (Drehung um eigene Achse): $27\frac{1}{3}$ Tage
9. Umlaufzeit um die Erde: $27\frac{1}{3}$ Tage (siderischer Monat)
10. Zeit von Neumond zu Neumond: $29\frac{1}{2}$ Tage (synodischer Monat)
11. Neigung der Rotationsachse zur Bahnebene: 6° 40'
12. Atmosphäre: keine
13. Temperatur: von −150° Celsius bis +130° Celsius
14. Wirkung auf die Erde: Entstehung der Gezeiten (Ebbe und Flut)

Lehrmittelvertrieb Ch. Jaeger & Co., Hannover-Linden
Entwurf: Wilhelm Barga
Gesamtherstellung: Druck- und Verlagsgesellschaft mbH Darmstadt

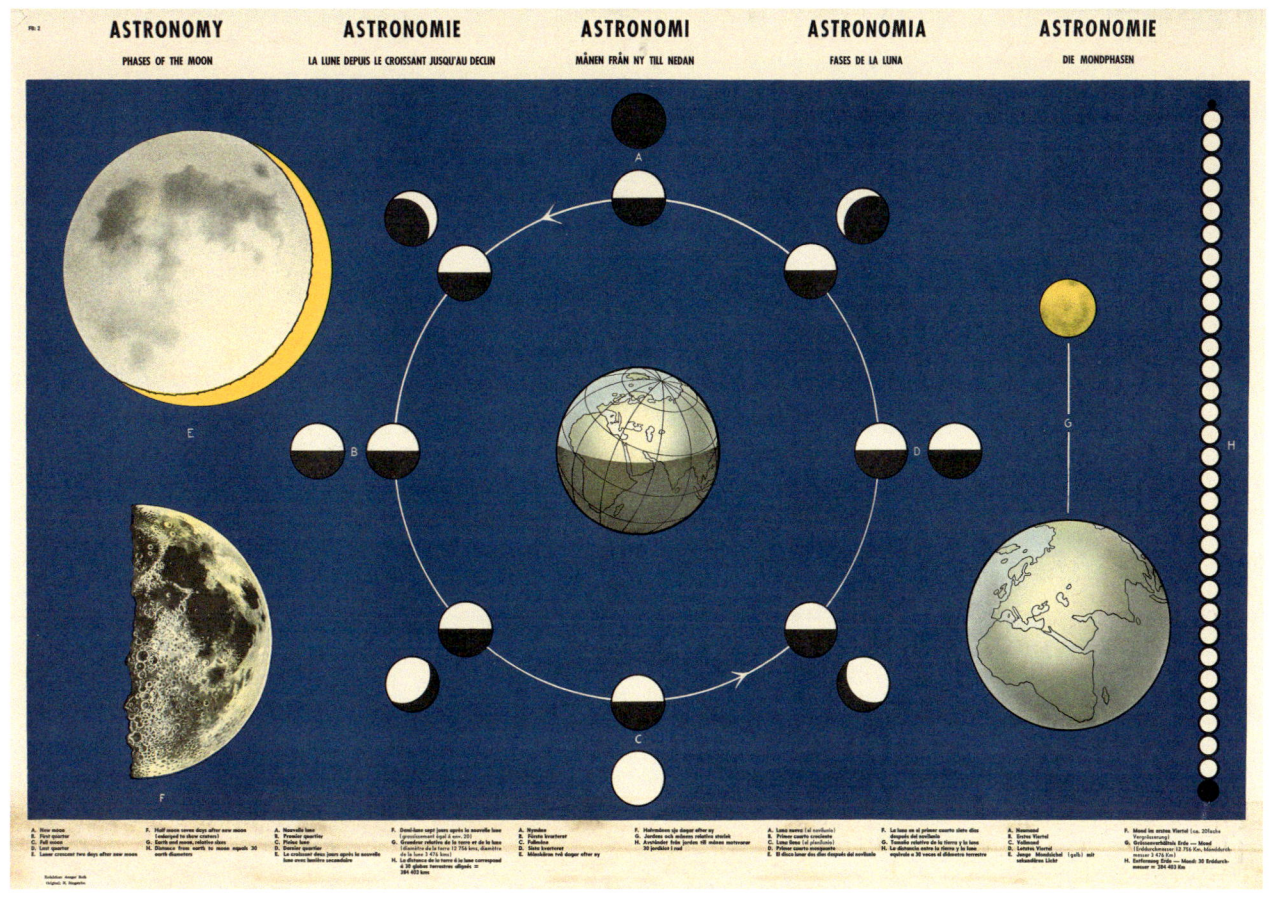

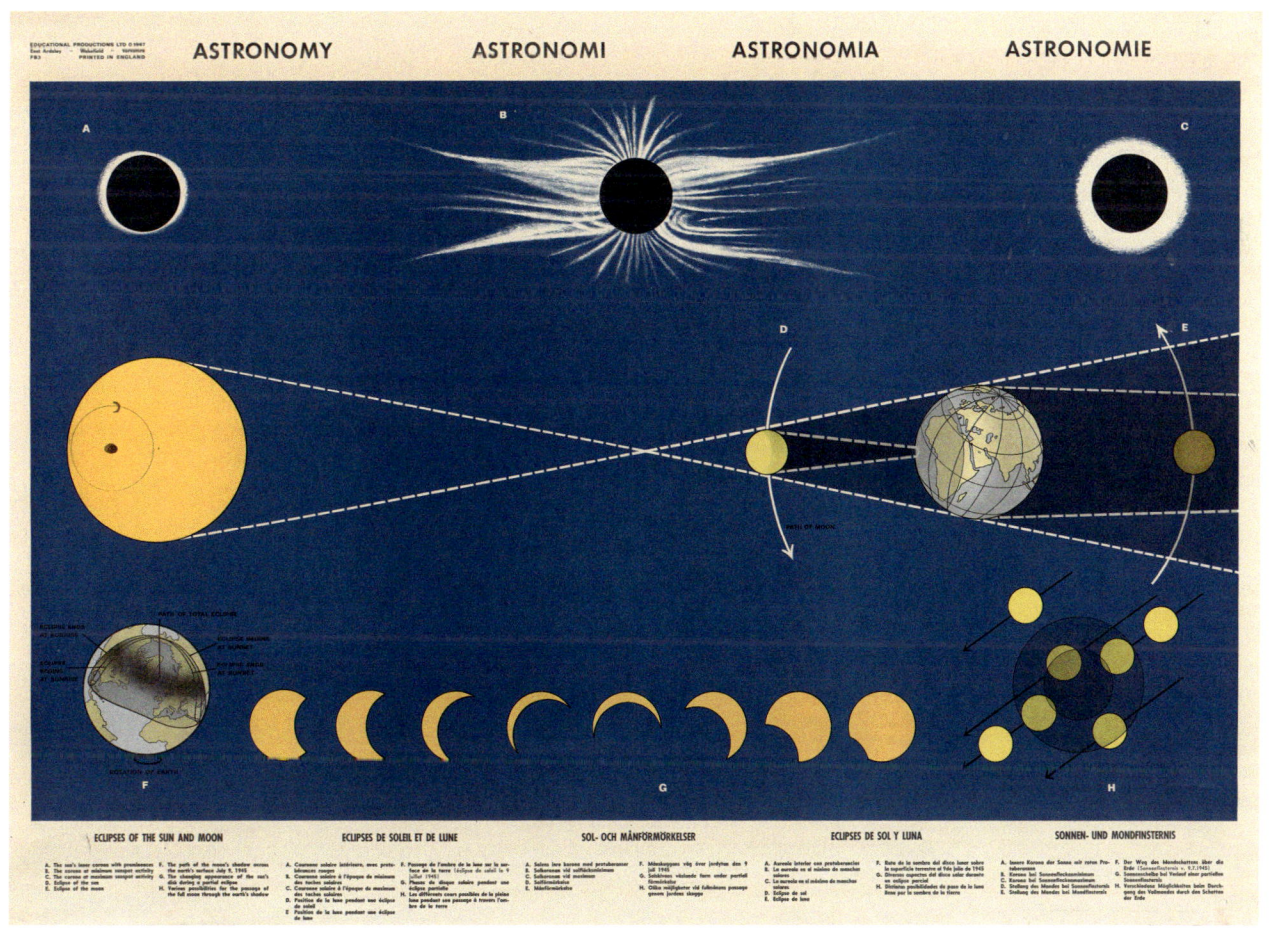

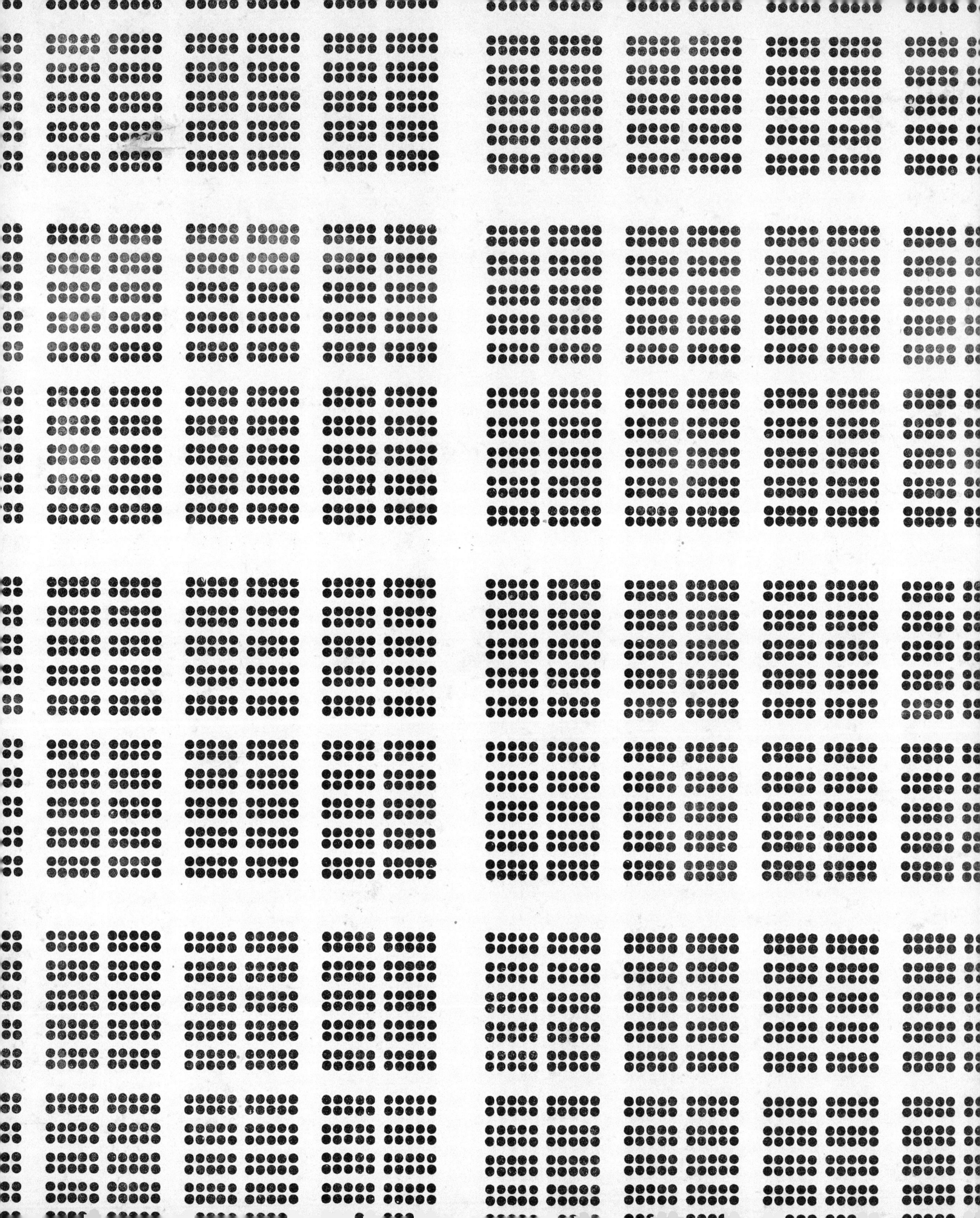

Geometrie, Mathematik,
Raumlehre, Rechnen

→ Serientitel: Henck, Farbige
  Wandbilder für den ersten
  Rechenunterricht; Bopp, Wand-
  tafel des metrischen Systems;
  Knefeli, Übersichtskarte für
  das Rechnen mit Maßen und
  Gewichten

Zahlen und Maße

Es war die bekannte Kinderbuchillustratorin Gertrud Caspari (1873–1948), die in den 1920er Jahren farbige Wandbilder für den ersten Rechenunterricht gestaltete. Ihre Bilder, die passend zu den jeweiligen Zahlenwerten oftmals Tiere zeigten, sollten an der Lebens- und Erfahrungswelt der Kinder anknüpfen und mit einfacher Formensprache in die Addition und Subtraktion einführen. Einen Kontrast zu Casparis Kinderwelten lieferten die schwarzweißen Rechenbilder des Pädagogen und Mathematikdidaktikers Johannes Kühnel (1869–1928). Mit den dezimalen Zahlbildertafeln für den Rechenunterricht konnten Schülerinnen und Schüler schnell in den Zahlenraum eingeführt werden. Zur Zehntausendertafel, die den Kindern des 4. Schuljahres gezeigt werden sollte, schrieb Kühnel in seinem Werk *Lebensvoller Rechenunterricht*: »Sie freuen sich gewaltig über die vielen Punkte, besonders wenn sie ihre Anzahl festgestellt haben. Mit ein paar Streifen Papier ist es möglich, jede beliebige Zahl bis zur 10000 darzustellen; wir brauchen nur das nicht Dazugehörige abzudecken.« Wichtige Hilfsmittel für die Einführung in die Raumlehre waren die Schulwandbilder zum Quadratmeter und zu den Hohl- und Gewichtsmaßen.

Detail aus →

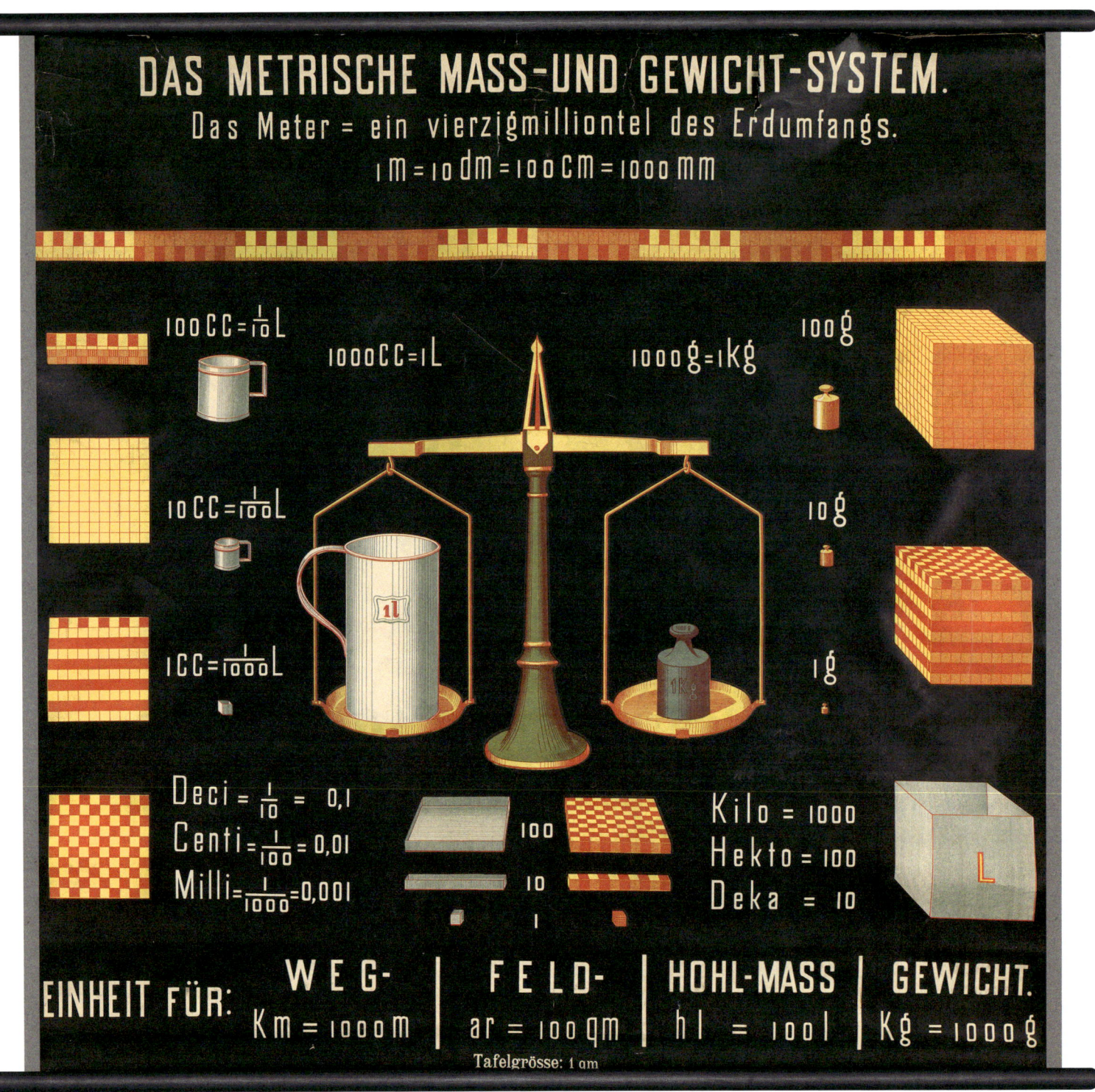

$5 + 2 =$
$2 + 5 =$

$7 - 5 =$
$7 = 2 +$

$7 - 2 =$
$7 = 5 +$

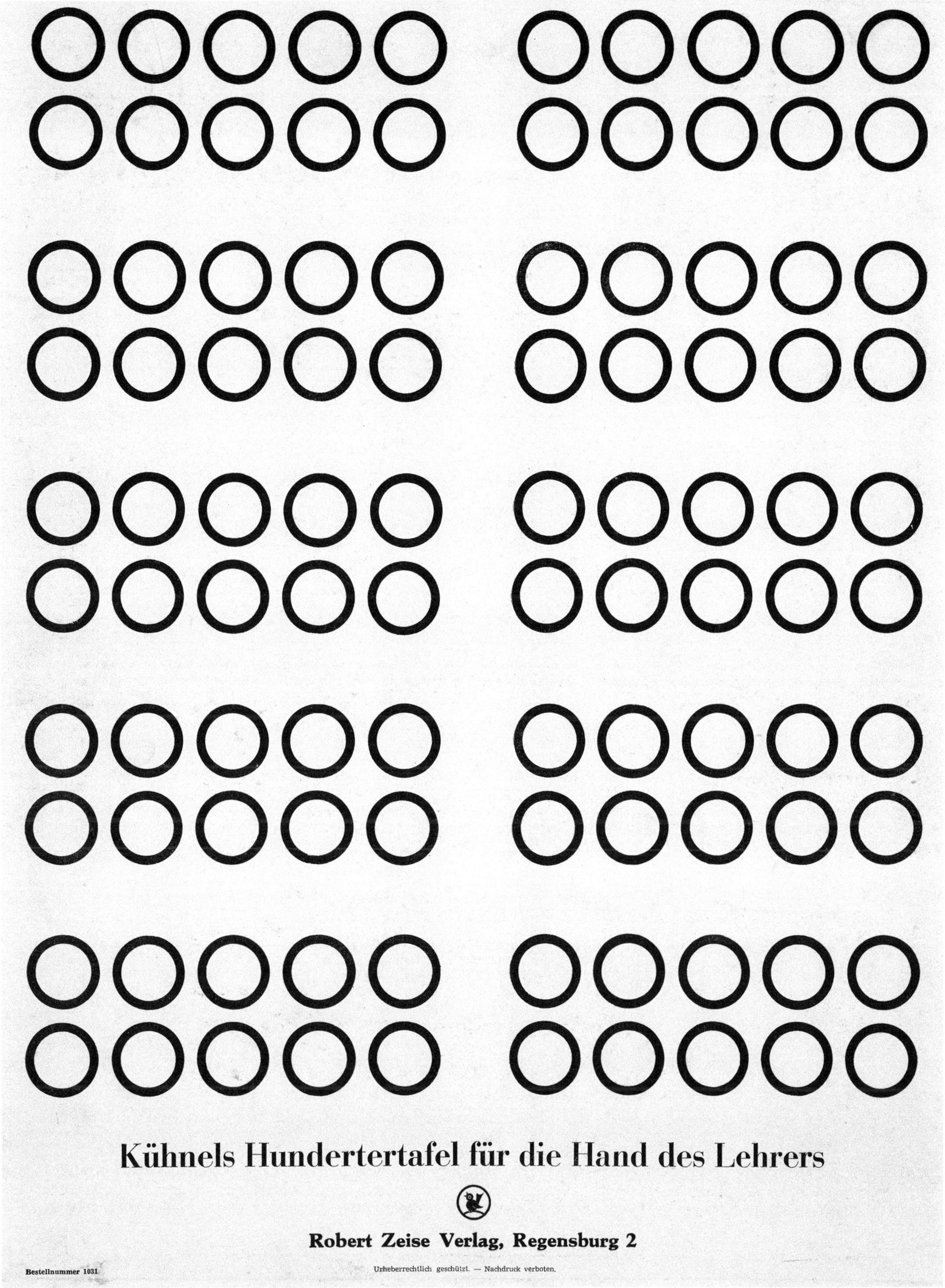
Kühnels Hundertertafel für die Hand des Lehrers
Robert Zeise Verlag, Regensburg 2
Bestellnummer 1031
Urheberrechtlich geschützt. — Nachdruck verboten.

B03

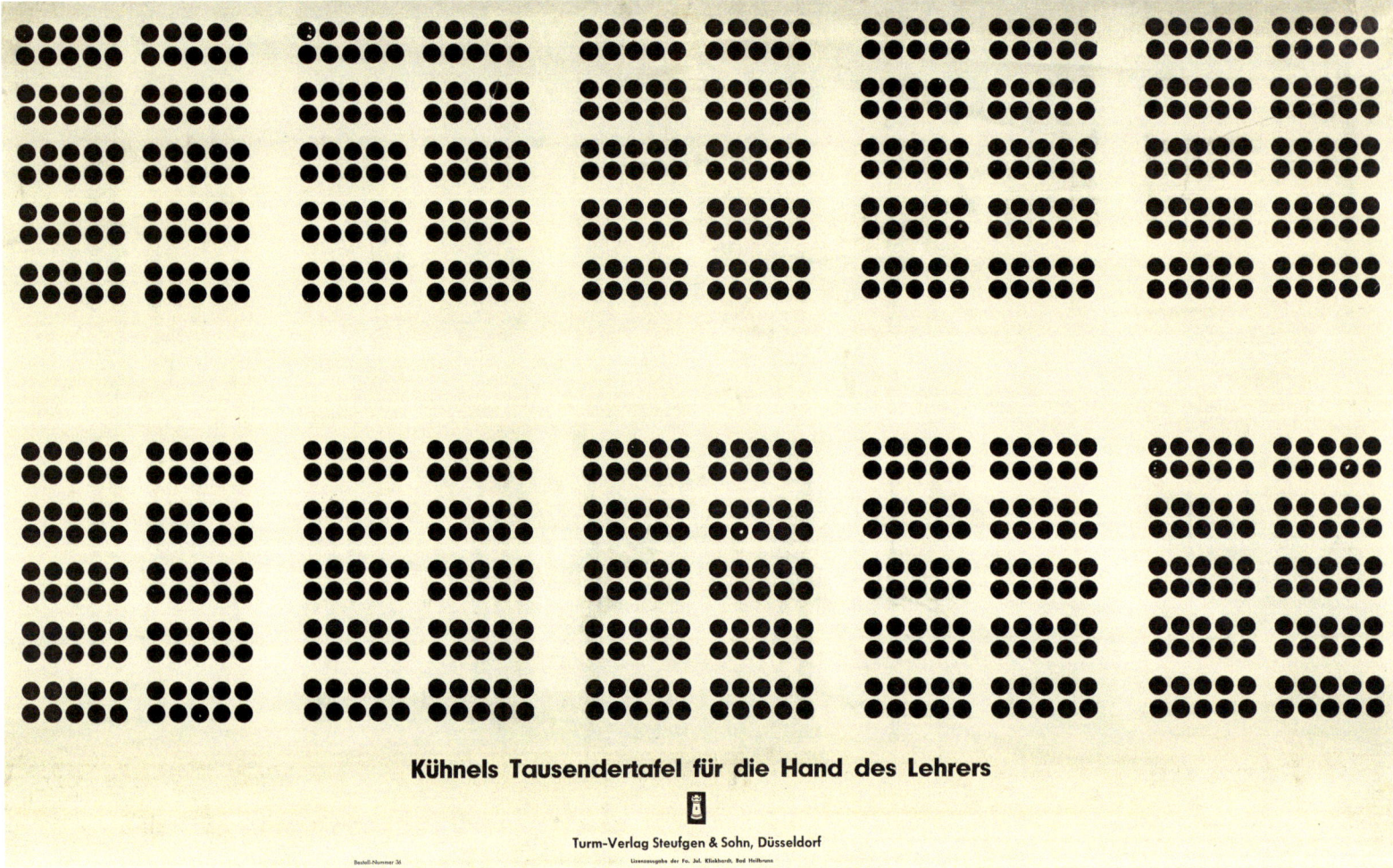

Kühnels Tausendertafel für die Hand des Lehrers

Turm-Verlag Steufgen & Sohn, Düsseldorf

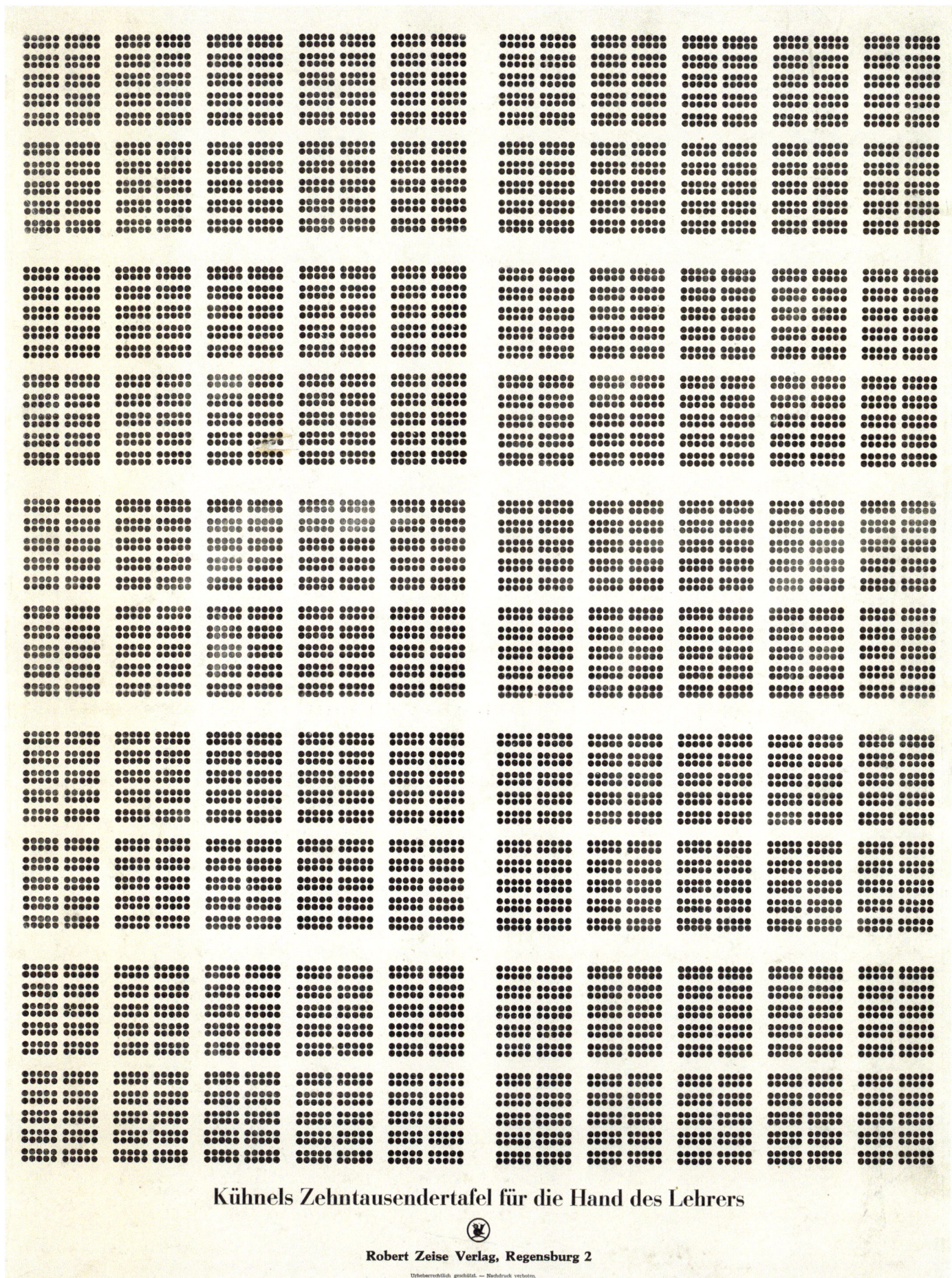

Kühnels Zehntausendertafel für die Hand des Lehrers

Robert Zeise Verlag, Regensburg 2

Bestellnummer 1637

B05

Maßart	Bildliche Darstellung	Ausdehnungsrichtung	Verwandlungszahl	Komma-Verschiebung	Maßbezeichnungen						
Längenmaß	—	**Länge**	**10** $10=10^1$	Mit 1 Schritt 1 Stufe, 1 Stelle	**km**	**hm** Hektometer = 100 m	**Dm** Dekameter = 10 m	**m**	**dm**	**cm**	**mm**
Flächenmaß	□	**Länge Breite**	**100** $10 \cdot 10 = 10^2$	Mit 1 Schritt 2 Stufen, 2 Stellen	**km²**	**ha**	**a**	**m²**	**dm²**	**cm²**	**mm²**
Körpermaß	(Würfel)	**Länge Breite Höhe**	**1000** $10 \cdot 10 \cdot 10 = 10^3$	Mit 1 Schritt 3 Stufen, 3 Stellen				**m³**	**dm³**	**cm³**	**mm³**
Hohlmaß	1l	◆ Beim Körpermaß (cdm) das Kubikdezimeter als Vollkörper ◆ beim Hohlmaß (l) das Kubikdezimeter als Hohlkörper ◆ beim Gewichtsmaß (kg) das Kubikdezimeter Wasser (+4°C)					**m³**	**l**	**cm³**	**mm³**
Gewichtsmaß	WASSER	Übersichtskarte für das Rechnen mit Maßen und Gewichten Lehrmittelverlag E. Knefeli, Meppen-Ems		Zwischenmaße: Hektoliter (hl) Doppelzentner (dz) Zentner (z)			**t**	**kg**	**g**	**mg**

Das Quadratmeter

Quadratmeter = qm od. m²

Quadratzentimeter = qcm od. cm²

Quadratdezimeter = qdm od. dm²

Quadratmillimeter = qmm od. mm²

Natur und Technik

Akustik, Chemie, Elektrizität,
Magnetismus, Mechanik,
Naturlehre, Optik, Physik,
Technologie

→ Serientitel: Laußermair, Physikalisches
Bilderwerk, Physikalisches Tafelwerk I, Einfache
Maschinen; Eschner, Technologische Tafeln;
Höpfel, Bildwerk zur Chemie; Meinhold,
Physikalische Wandbilder

Zu den Grundlagen der Physik gehört die Beschäftigung mit der schiefen Ebene,
die die Schülerinnen und Schüler mit der Hangabtriebs-, Schwer- und Normal-
kraft bekannt macht; ebenso klassisch in der Bedeutung ist das Periodensystem
für den Chemieunterricht, das gewissermaßen die Welt in ihre Elemente zerlegt.
So wundert es nicht, dass sich Schulwandbilder diesen Inhalten widmeten, und die
Karte zum »Periodensystem der Elemente« zierte fast jeden Chemiesaal. Eben-
falls Gegenstände des naturwissenschaftlich orientierten Unterrichtes waren
die technischen Errungenschaften, Kommunikationsmittel und Motoren, die in
ihrem Aufbau und ihrer Funktion über Bilder erklärt werden konnten. Da durften
auch die Otto- und Dieselmotoren nicht fehlen. Das Thema der Energiegewinnung
spielte mit dem Steinkohlenbergbau schon auf den »technologischen Tafeln«
Anfang des 20. Jahrhunderts eine Rolle und wurde über die Jahrzehnte hinweg
weitergeführt. Neue Bilder entstanden dann durch die Kernenergie und den Bau
von Atomkraftwerken. Nach anfänglicher Euphorie wurde das Thema im Jahre
1979 bereits sehr vielschichtig im Unterricht aufgegriffen: Man empfahl, die Kernenergie unter physikalischen, technischen, ökologischen, politischen und öko-
nomischen Aspekten zu behandeln.

Detail
aus →

ist: $\mathcal{P}_1 = 4\,\mathcal{P}_2$

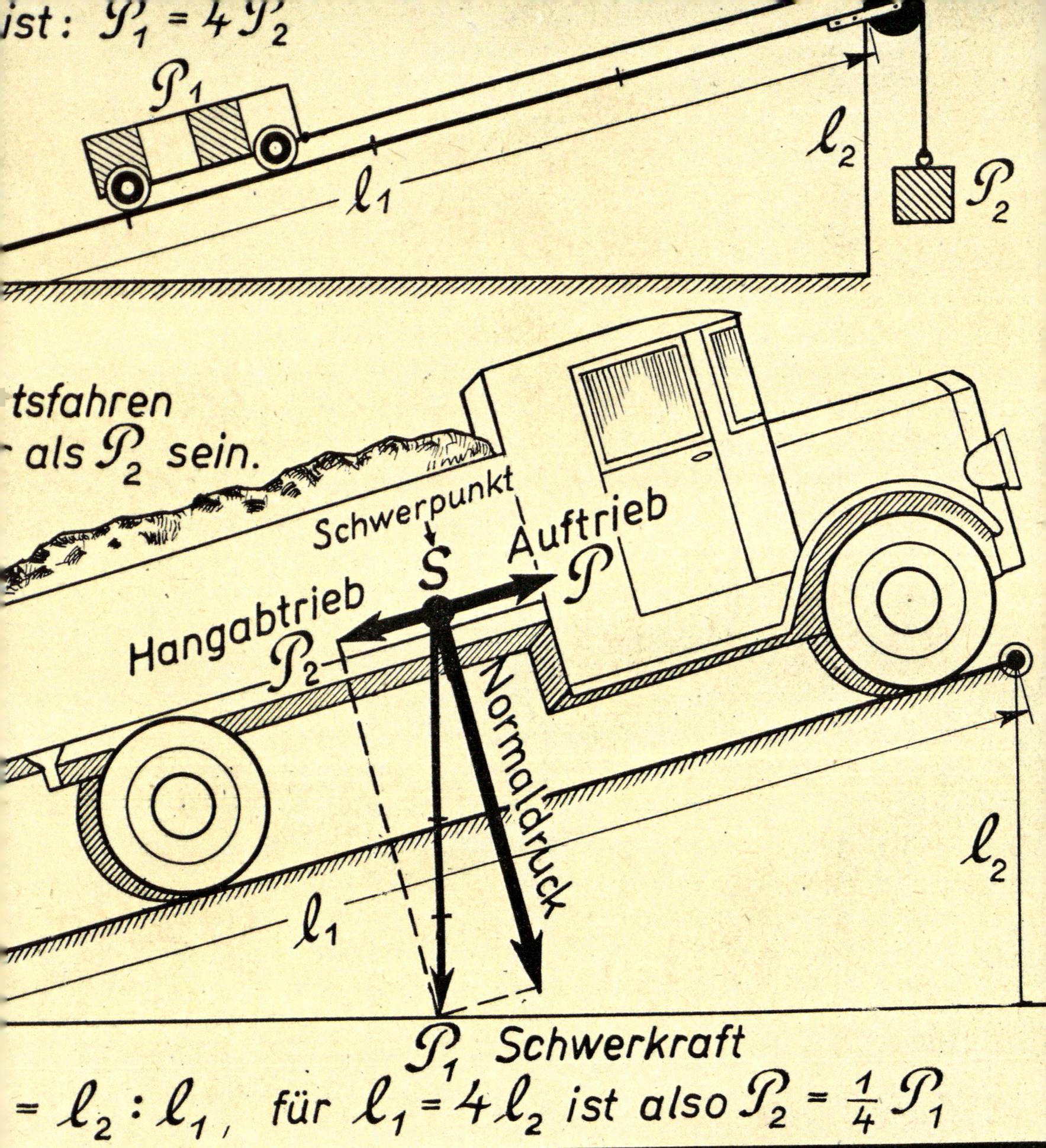

$\mathcal{P}_1$

ℓ_1

ℓ_2

$\mathcal{P}_2$

tsfahren

als $\mathcal{P}_2$ sein.

Schwerpunkt

Auftrieb $\mathcal{P}$

Hangabtrieb $\mathcal{P}_2$

$\dot{S}$

Normaldruck

ℓ_1

ℓ_2

$\mathcal{P}_1$ Schwerkraft

$= \ell_2 : \ell_1$, für $\ell_1 = 4\,\ell_2$ ist also $\mathcal{P}_2 = \frac{1}{4}\,\mathcal{P}_1$

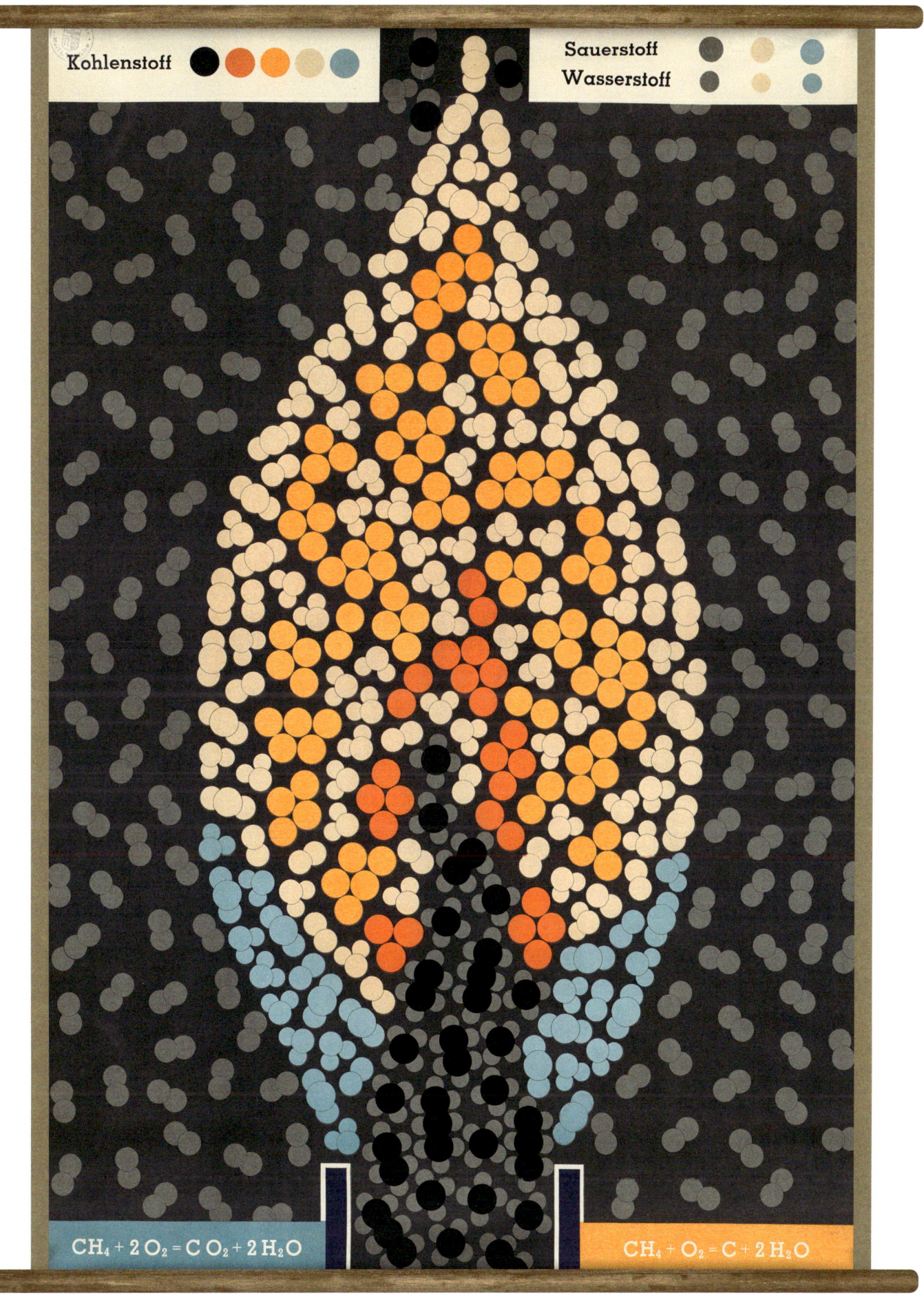

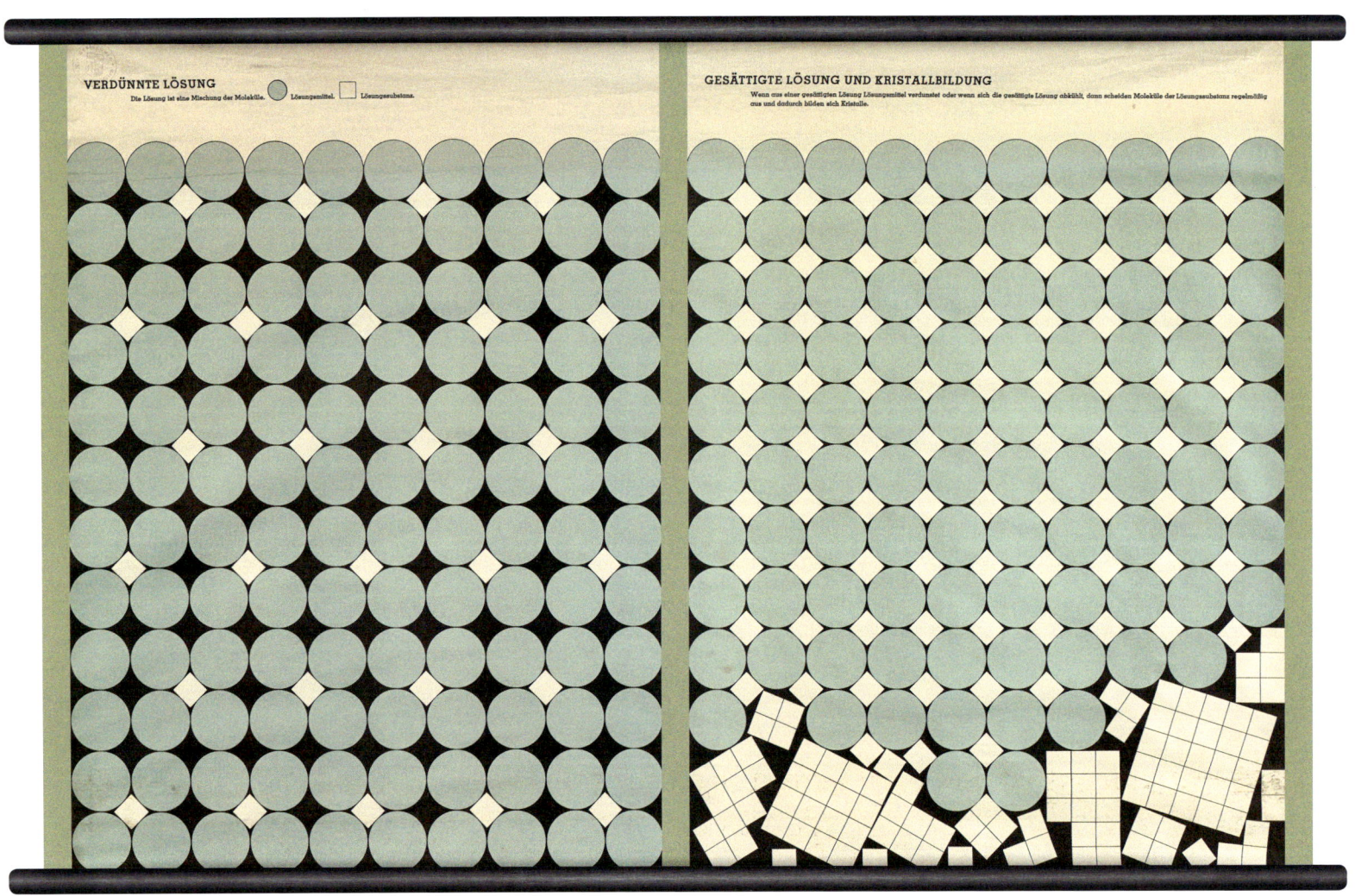

VERDÜNNTE LÖSUNG
Die Lösung ist eine Mischung der Moleküle. ⬤ Lösungsmittel. ☐ Lösungssubstanz.

GESÄTTIGTE LÖSUNG UND KRISTALLBILDUNG
Wenn aus einer gesättigten Lösung Lösungsmittel verdunstet oder wenn sich die gesättigte Lösung abkühlt, dann scheiden Moleküle der Lösungssubstanz regelmäßig aus und dadurch bilden sich Kristalle.

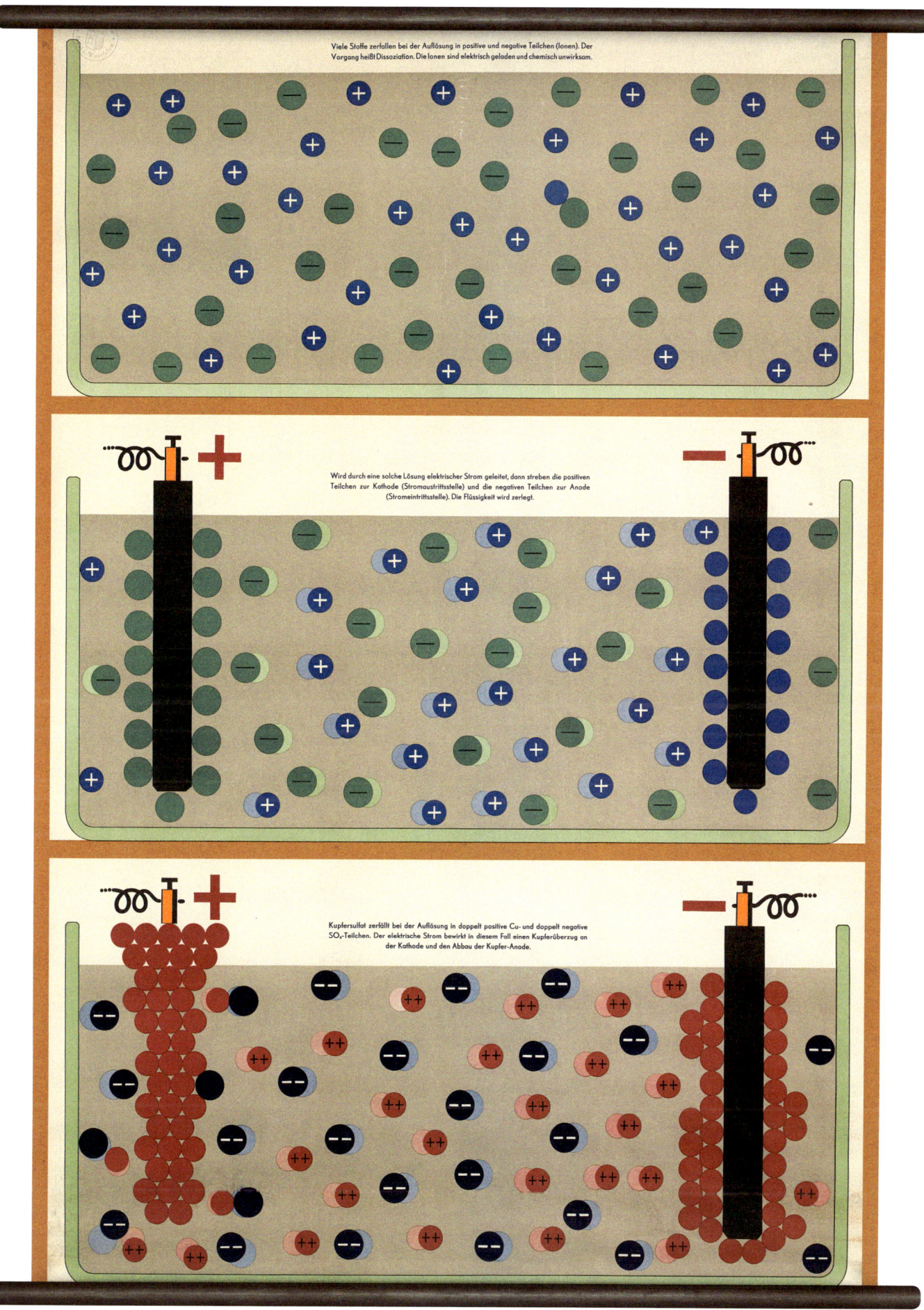

Viele Stoffe zerfallen bei der Auflösung in positive und negative Teilchen (Ionen). Der Vorgang heißt Dissoziation. Die Ionen sind elektrisch geladen und chemisch unwirksam.

Wird durch eine solche Lösung elektrischer Strom geleitet, dann streben die positiven Teilchen zur Kathode (Stromaustrittsstelle) und die negativen Teilchen zur Anode (Stromeintrittsstelle). Die Flüssigkeit wird zerlegt.

Kupfersulfat zerfällt bei der Auflösung in doppelt positive Cu- und doppelt negative SO₄-Teilchen. Der elektrische Strom bewirkt in diesem Fall einen Kupferüberzug an der Kathode und den Abbau der Kupfer-Anode.

Zur Herstellung von Düngemitteln

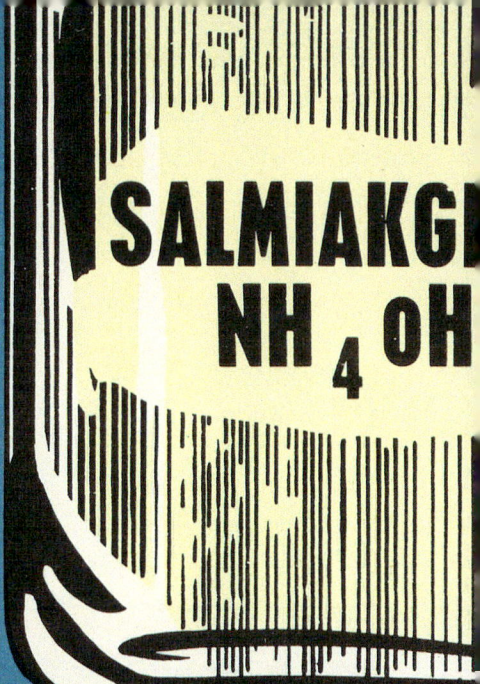

SALMIAKG
NH $_4$ OH

ätzt die Haut

NATRONLAUGE
Na OH

Farbstoffindustrie

Eier

Veredelung von Baumwolle

Das Periodensystem der Elemente

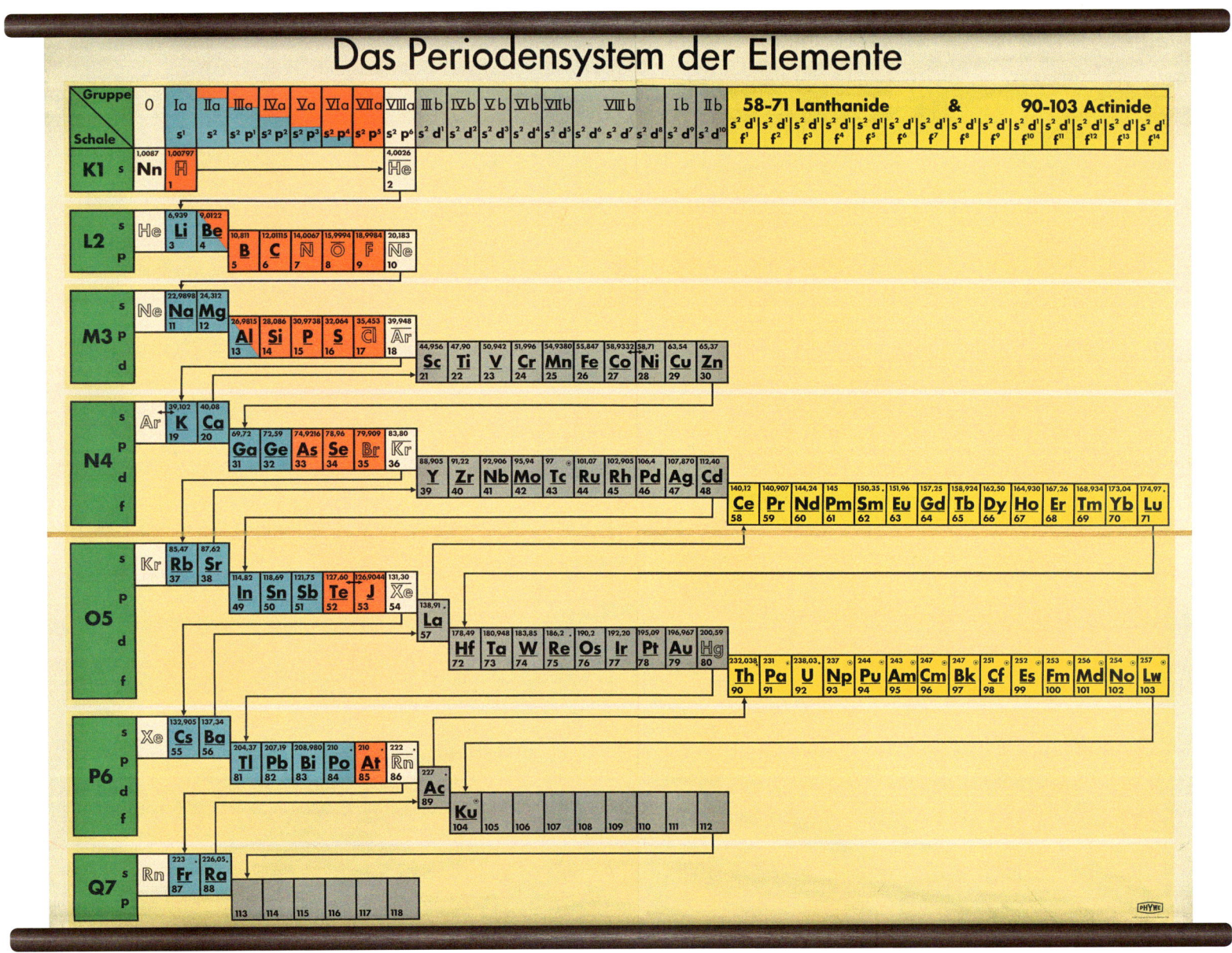

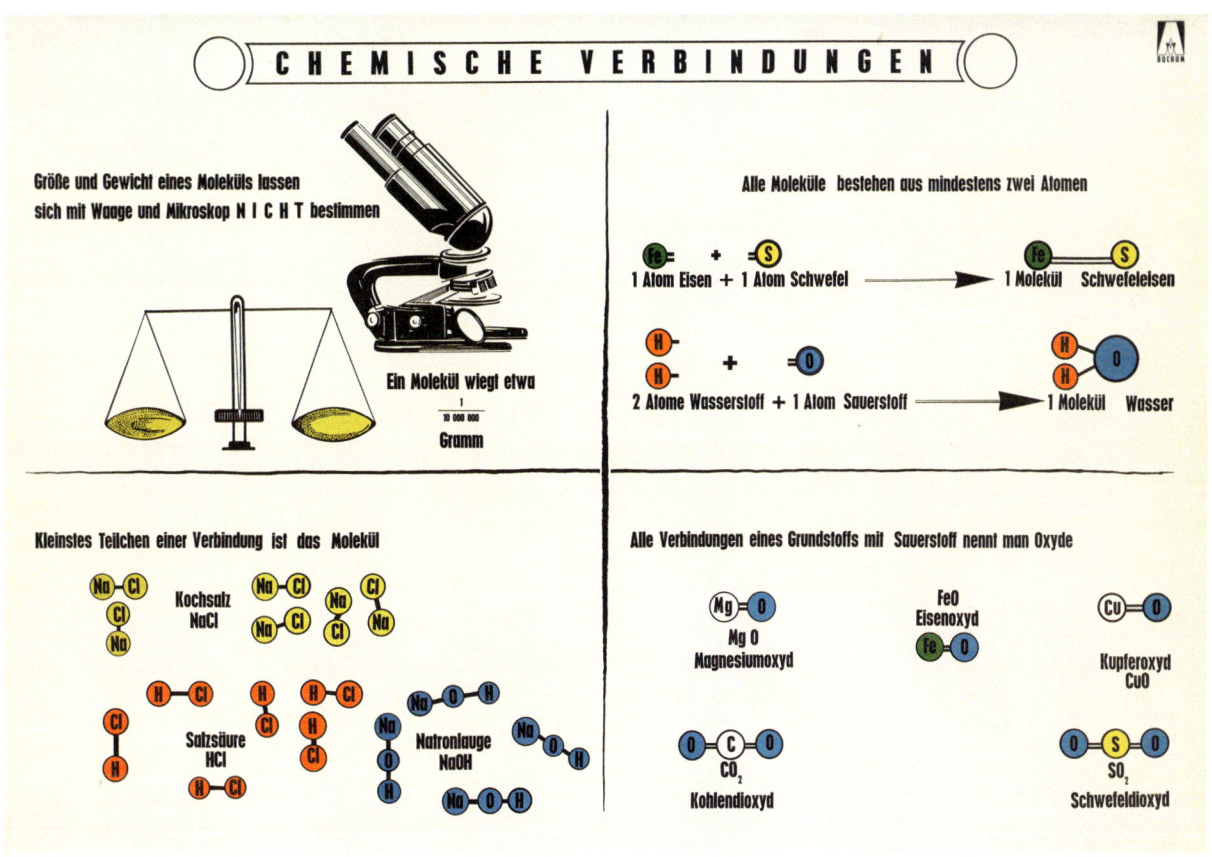

CHEMISCHE VERBINDUNGEN

Größe und Gewicht eines Moleküls lassen sich mit Waage und Mikroskop N I C H T bestimmen

Ein Molekül wiegt etwa

$$\frac{1}{10\,000\,000}$$

Gramm

Alle Moleküle bestehen aus mindestens zwei Atomen

1 Atom Eisen + 1 Atom Schwefel → 1 Molekül Schwefeleisen

2 Atome Wasserstoff + 1 Atom Sauerstoff → 1 Molekül Wasser

Kleinstes Teilchen einer Verbindung ist das Molekül

Kochsalz
NaCl

Salzsäure
HCl

Natronlauge
NaOH

Alle Verbindungen eines Grundstoffs mit Sauerstoff nennt man Oxyde

Mg O
Magnesiumoxyd

FeO
Eisenoxyd

Kupferoxyd
CuO

CO_2
Kohlendioxyd

SO_2
Schwefeldioxyd

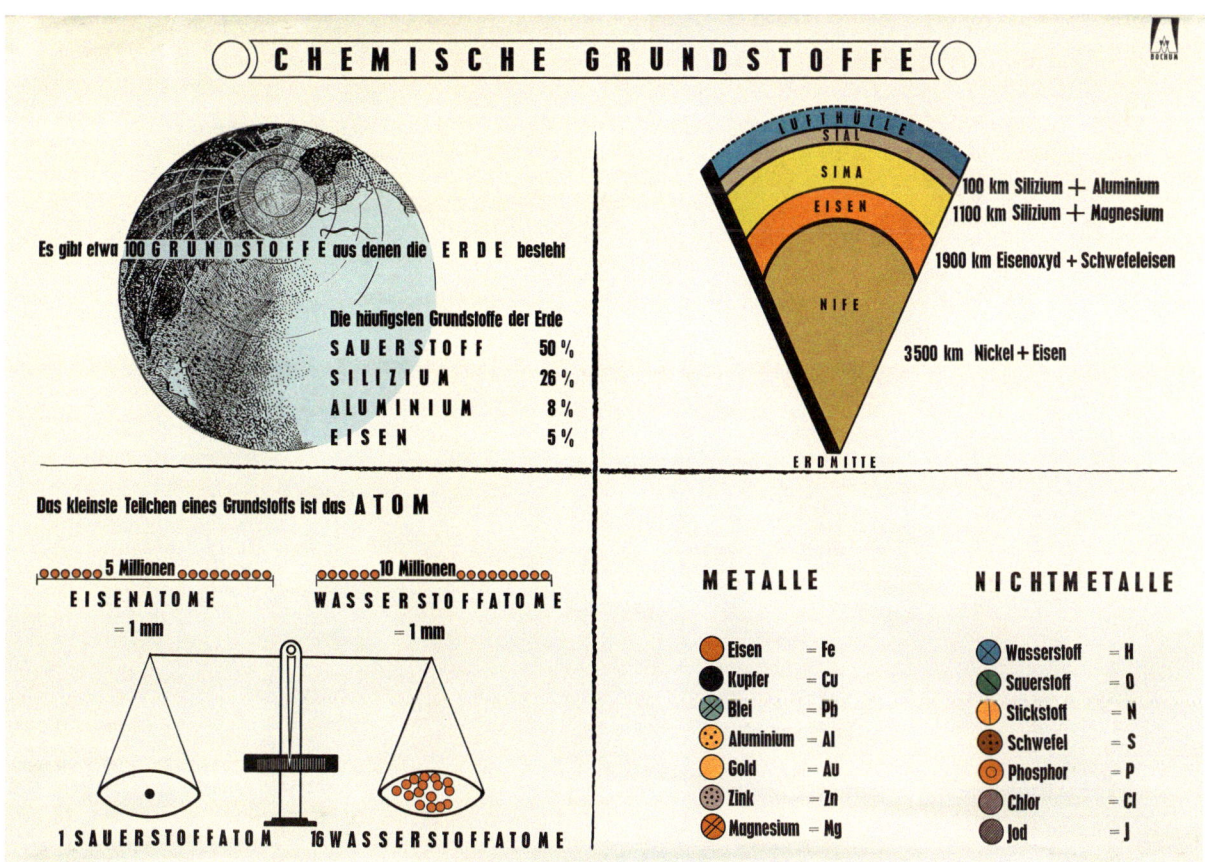

CHEMISCHE GRUNDSTOFFE

Es gibt etwa 100 G R U N D S T O F F E aus denen die E R D E besteht

Die häufigsten Grundstoffe der Erde

SAUERSTOFF	50 %
SILIZIUM	26 %
ALUMINIUM	8 %
EISEN	5 %

LUFTHÜLLE
SIAL
SIMA
EISEN
NIFE
ERDMITTE

100 km Silizium + Aluminium
1100 km Silizium + Magnesium
1900 km Eisenoxyd + Schwefeleisen
3500 km Nickel + Eisen

Das kleinste Teilchen eines Grundstoffs ist das A T O M

5 Millionen
EISENATOME
= 1 mm

10 Millionen
WASSERSTOFFATOME
= 1 mm

1 SAUERSTOFFATOM   16 WASSERSTOFFATOME

METALLE

Eisen	= Fe
Kupfer	= Cu
Blei	= Pb
Aluminium	= Al
Gold	= Au
Zink	= Zn
Magnesium	= Mg

NICHTMETALLE

Wasserstoff	= H
Sauerstoff	= O
Stickstoff	= N
Schwefel	= S
Phosphor	= P
Chlor	= Cl
Jod	= J

Spektrum

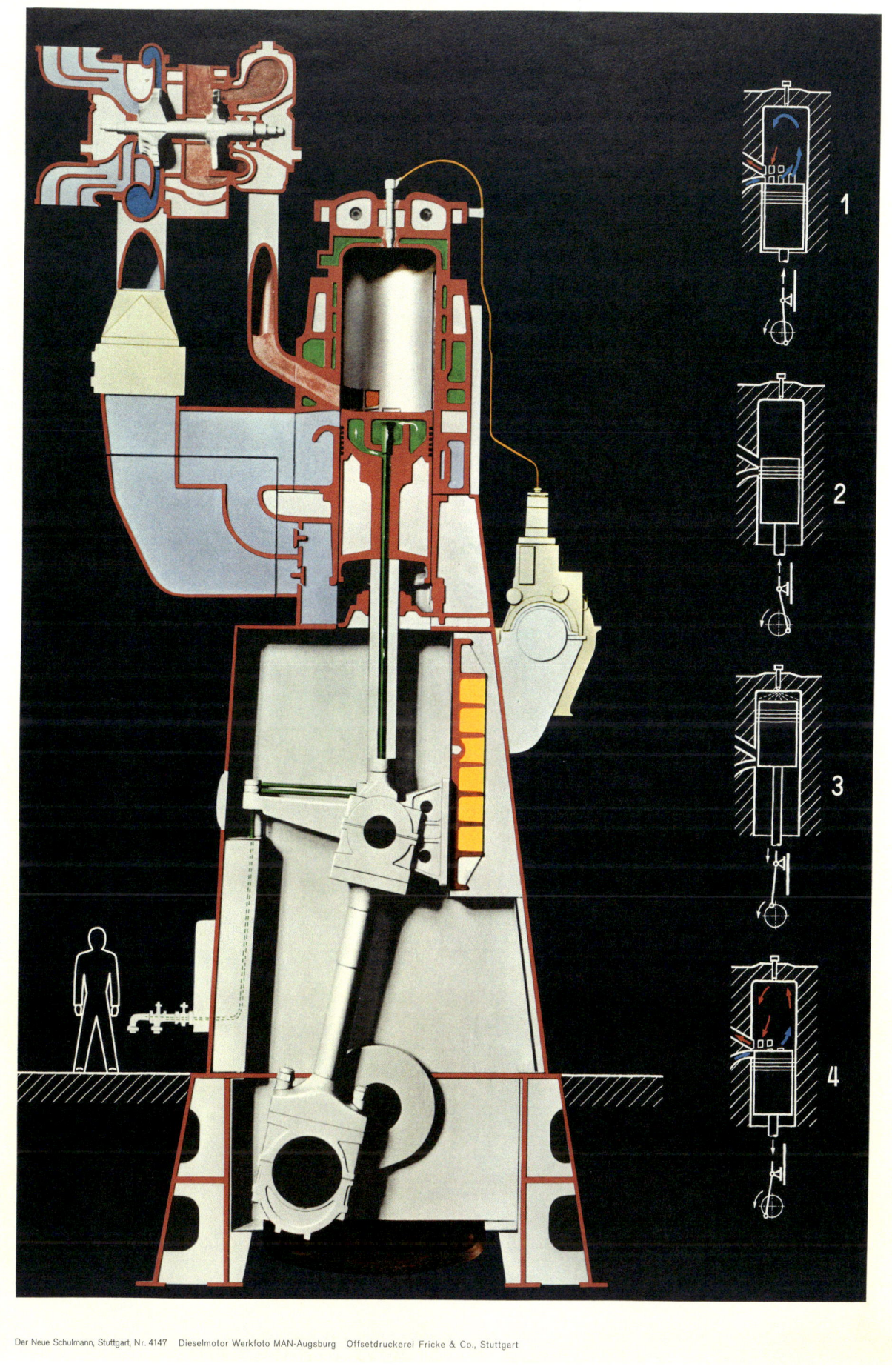

1

2

3

4

Der Neue Schulmann, Stuttgart, Nr. 4147   Dieselmotor Werkfoto MAN-Augsburg   Offsetdruckerei Fricke & Co., Stuttgart

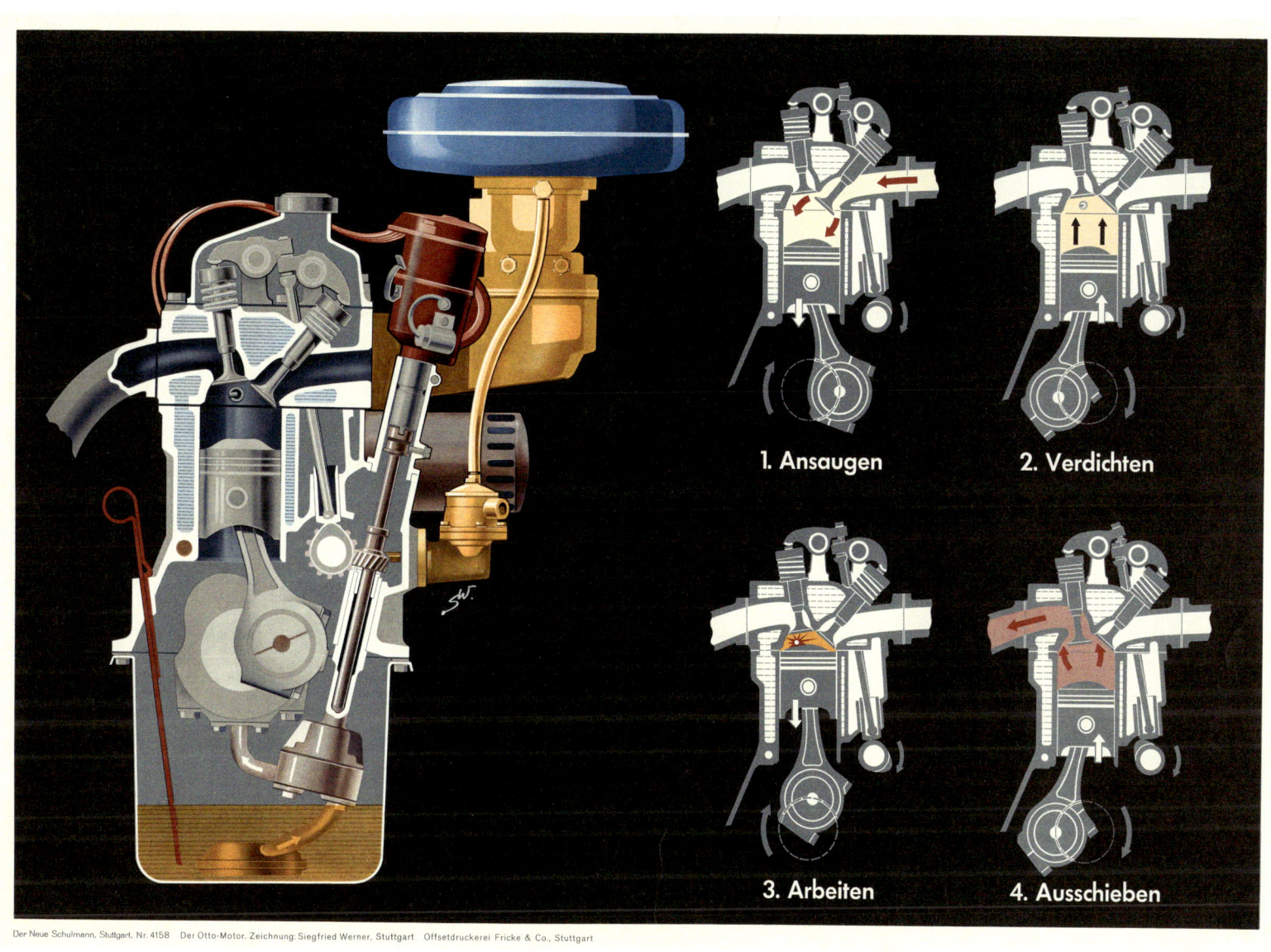

1. Ansaugen

2. Verdichten

3. Arbeiten

4. Ausschieben

Der Neue Schulmann, Stuttgart. Nr. 4158 Der Otto-Motor. Zeichnung: Siegfried Werner, Stuttgart Offsetdruckerei Fricke & Co., Stuttgart

C13

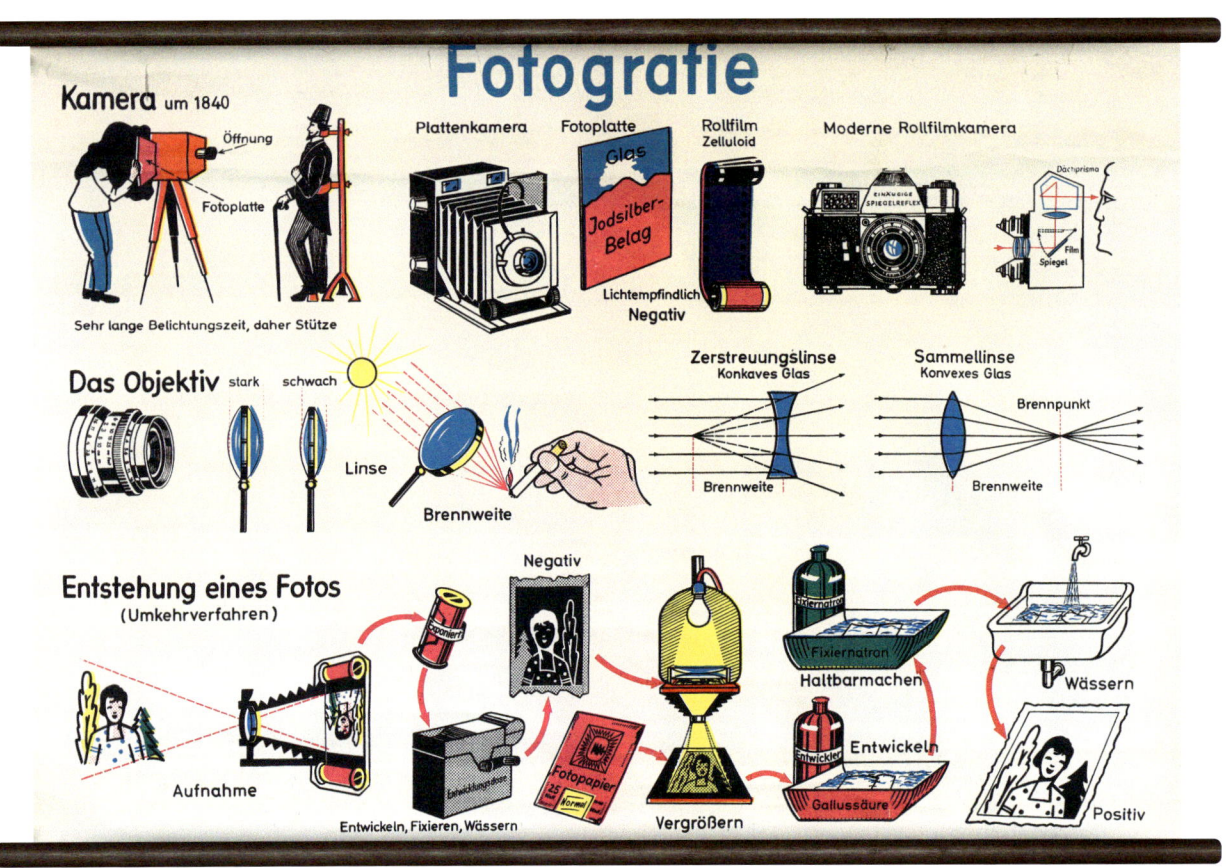

Fotografie

Kamera um 1840

Öffnung

Fotoplatte

Sehr lange Belichtungszeit, daher Stütze

Plattenkamera

Fotoplatte

Glas

Jodsilber-Belag

Lichtempfindlich **Negativ**

Rollfilm Zelluloid

Moderne Rollfilmkamera

Dachprisma

Film Spiegel

Das Objektiv

stark schwach

Linse

Brennweite

Zerstreuungslinse Konkaves Glas

Brennweite

Sammellinse Konvexes Glas

Brennpunkt

Brennweite

Entstehung eines Fotos (Umkehrverfahren)

Aufnahme

Entwickeln, Fixieren, Wässern

Negativ

Fotopapier

Vergrößern

Haltbarmachen

Fixiernatron

Entwickeln

Entwickler

Gallussäure

Wässern

Positiv

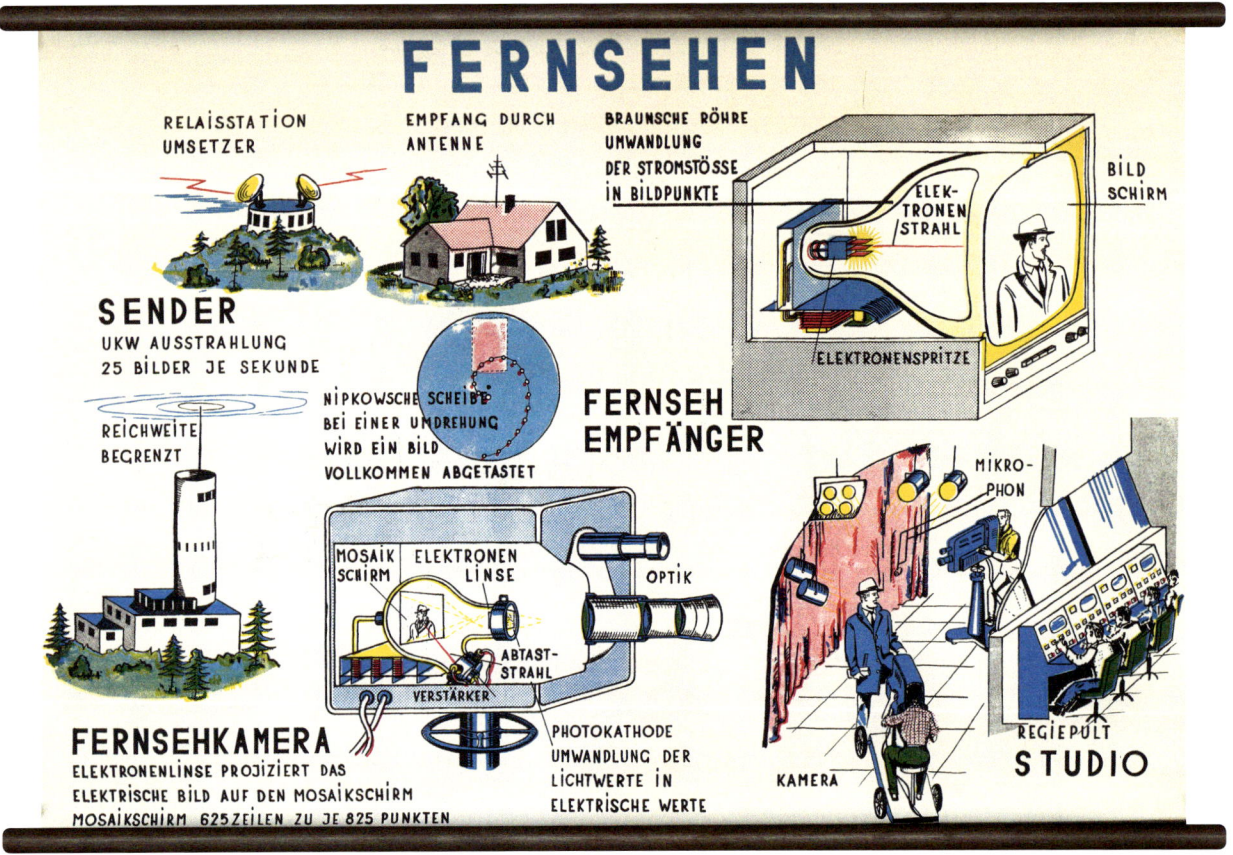

FERNSEHEN

RELAISSTATION UMSETZER

EMPFANG DURCH ANTENNE

BRAUNSCHE RÖHRE UMWANDLUNG DER STROMSTÖSSE IN BILDPUNKTE

ELEK-TRONEN-STRAHL

BILD SCHIRM

ELEKTRONENSPRITZE

SENDER
UKW AUSSTRAHLUNG
25 BILDER JE SEKUNDE

REICHWEITE BEGRENZT

NIPKOWSCHE SCHEIBE BEI EINER UMDREHUNG WIRD EIN BILD VOLLKOMMEN ABGETASTET

FERNSEH EMPFÄNGER

MOSAIK SCHIRM

ELEKTRONEN LINSE

OPTIK

ABTAST-STRAHL

VERSTÄRKER

MIKRO-PHON

FERNSEHKAMERA
ELEKTRONENLINSE PROJIZIERT DAS
ELEKTRISCHE BILD AUF DEN MOSAIKSCHIRM
MOSAIKSCHIRM 625 ZEILEN ZU JE 825 PUNKTEN

PHOTOKATHODE UMWANDLUNG DER LICHTWERTE IN ELEKTRISCHE WERTE

KAMERA

REGIEPULT **STUDIO**

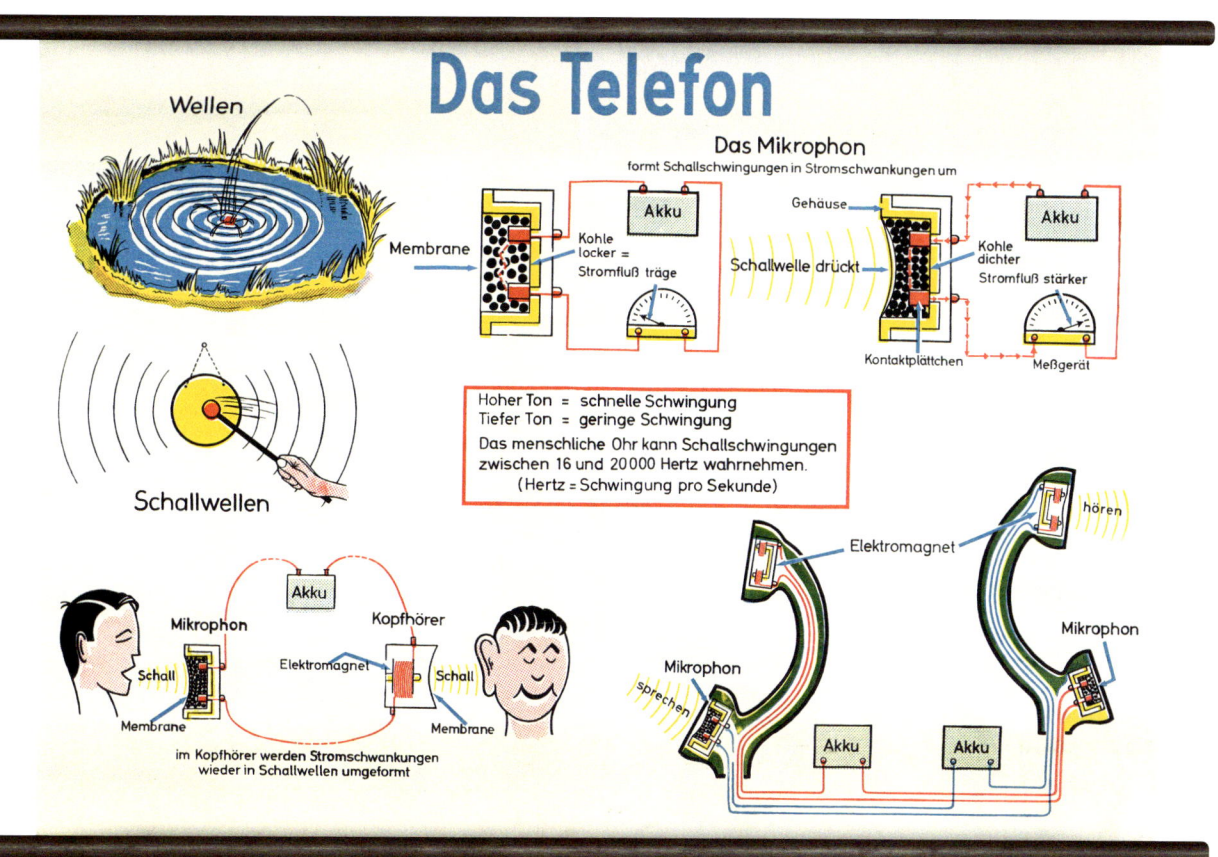

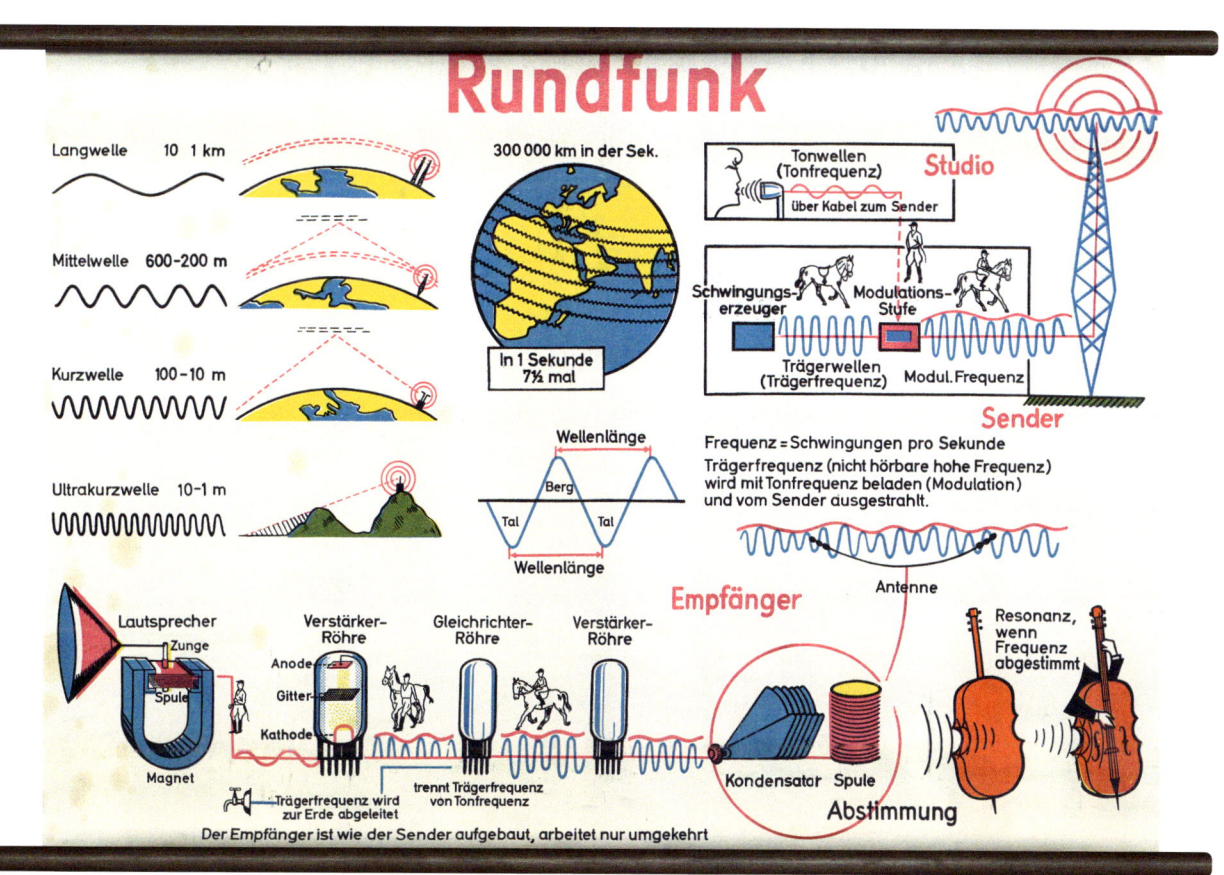

STEINKOHLENBERGWERK

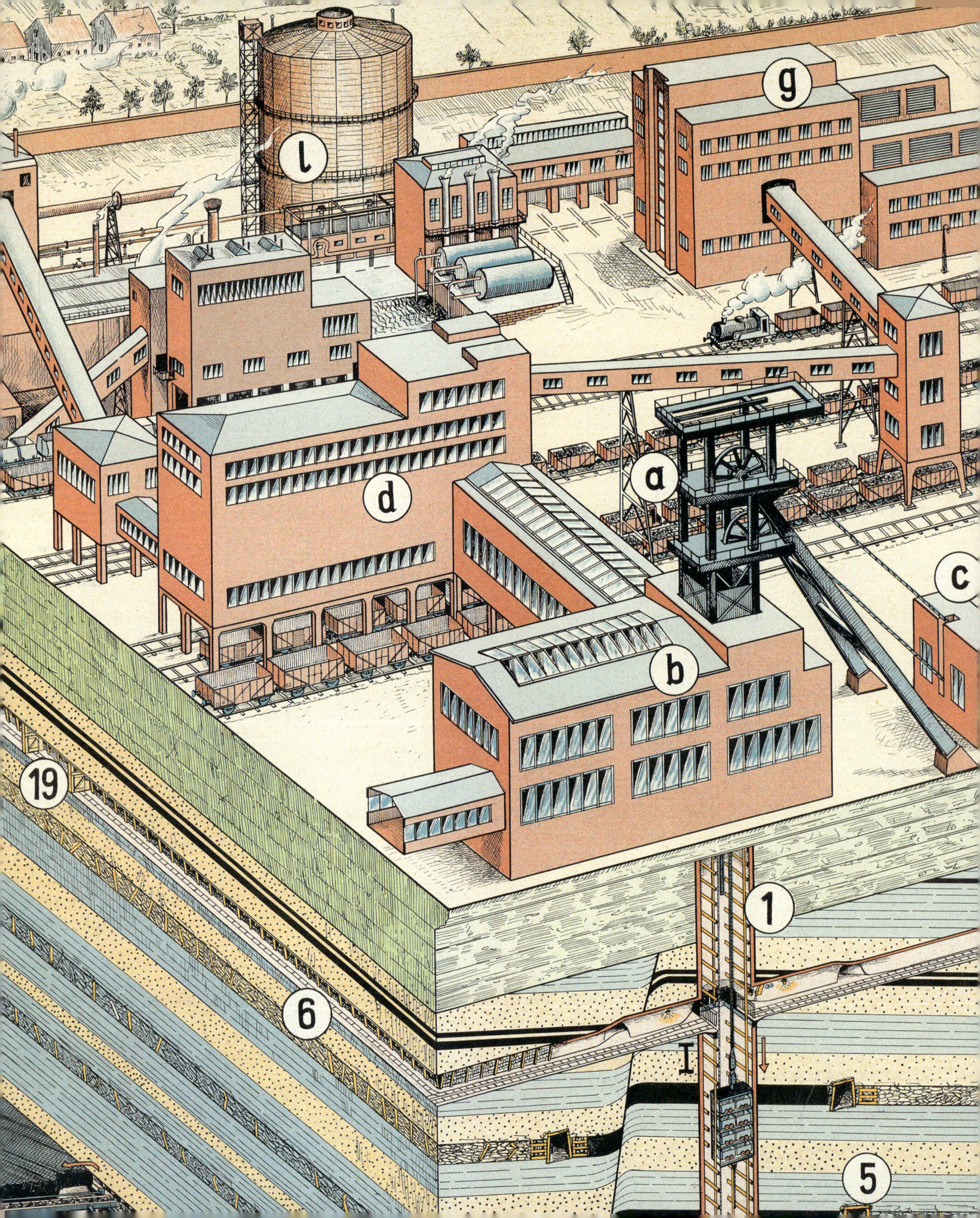

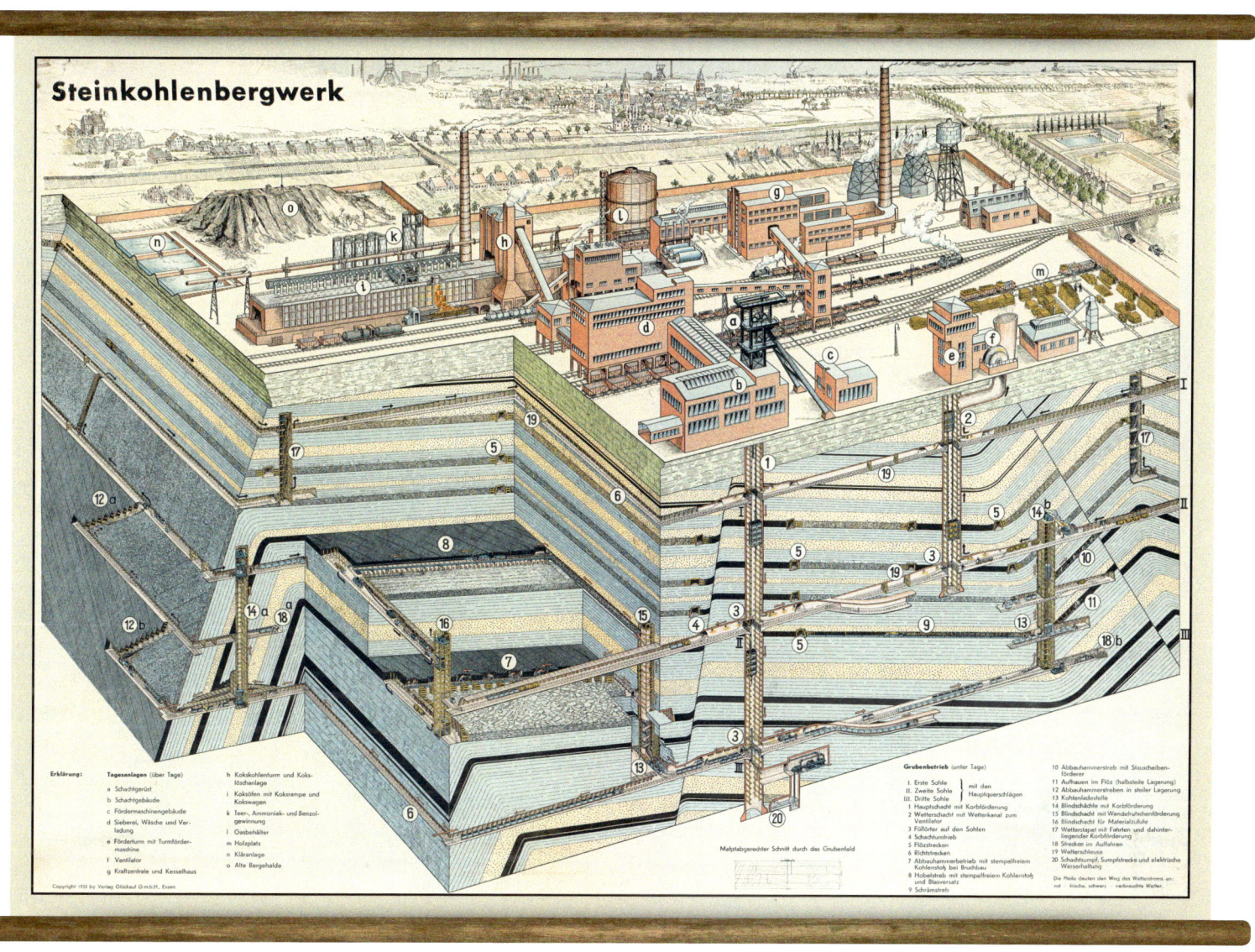

Steinkohlenbergwerk

Erklärung: **Tagesanlagen** (über Tage)

a Schachtgerüst
b Schachtgebäude
c Fördermaschinengebäude
d Sieberei, Wäsche und Verladung
e Förderturm mit Turmfördermaschine
f Ventilator
g Kraftzentrale und Kesselhaus

h Kokskohlenturm und Kokslöschanlage
i Koksöfen mit Koksrampe und Kokswagen
k Teer-, Ammoniak- und Benzolgewinnung
l Gasbehälter
m Holzplatz
n Kläranlage
o Alte Bergehalde

Grubenbetrieb (unter Tage)

I. Erste Sohle ⎱ mit den
II. Zweite Sohle ⎰ Hauptquerschlägen
III. Dritte Sohle

1 Hauptschacht mit Korbförderung
2 Wetterschacht mit Wetterkanal zum Ventilator
3 Füllörter auf den Sohlen
4 Schachtumtrieb
5 Flözstrecken
6 Richtstrecken
7 Abbauhammerbetrieb mit stempelfreiem Kohlenstoß bei Bruchbau
8 Hobelbetrieb mit stempelfreiem Kohlenstoß und Blasversatz
9 Schrämstreb

10 Abbauhammerstreb mit Staucheibenförderer
11 Aufhauen im Flöz (halbsteile Lagerung)
12 Abbauhammerstreben in steiler Lagerung
13 Kohlenladestelle
14 Blindschächte mit Korbförderung
15 Blindschacht mit Wendelrutschenförderung
16 Blindschacht für Materialzufuhr
17 Wetterstapel mit Fahrten und dahinterliegender Korbförderung
18 Strecken im Aufahren
19 Wetterschleuse
20 Schachtsumpf, Sumpfstrecke und elektrische Wasserhaltung

Die Pfeile deuten den Weg des Wetterstroms an;
rot = frische, schwarz = verbrauchte Wetter.

Maßstabgerechter Schnitt durch das Grubenfeld

ATOMKRAFT

DAS ATOM
IST DIE KLEINSTE EINHEIT EINES ELEMENTES

KERNSPALTUNG

KETTENREAKTION

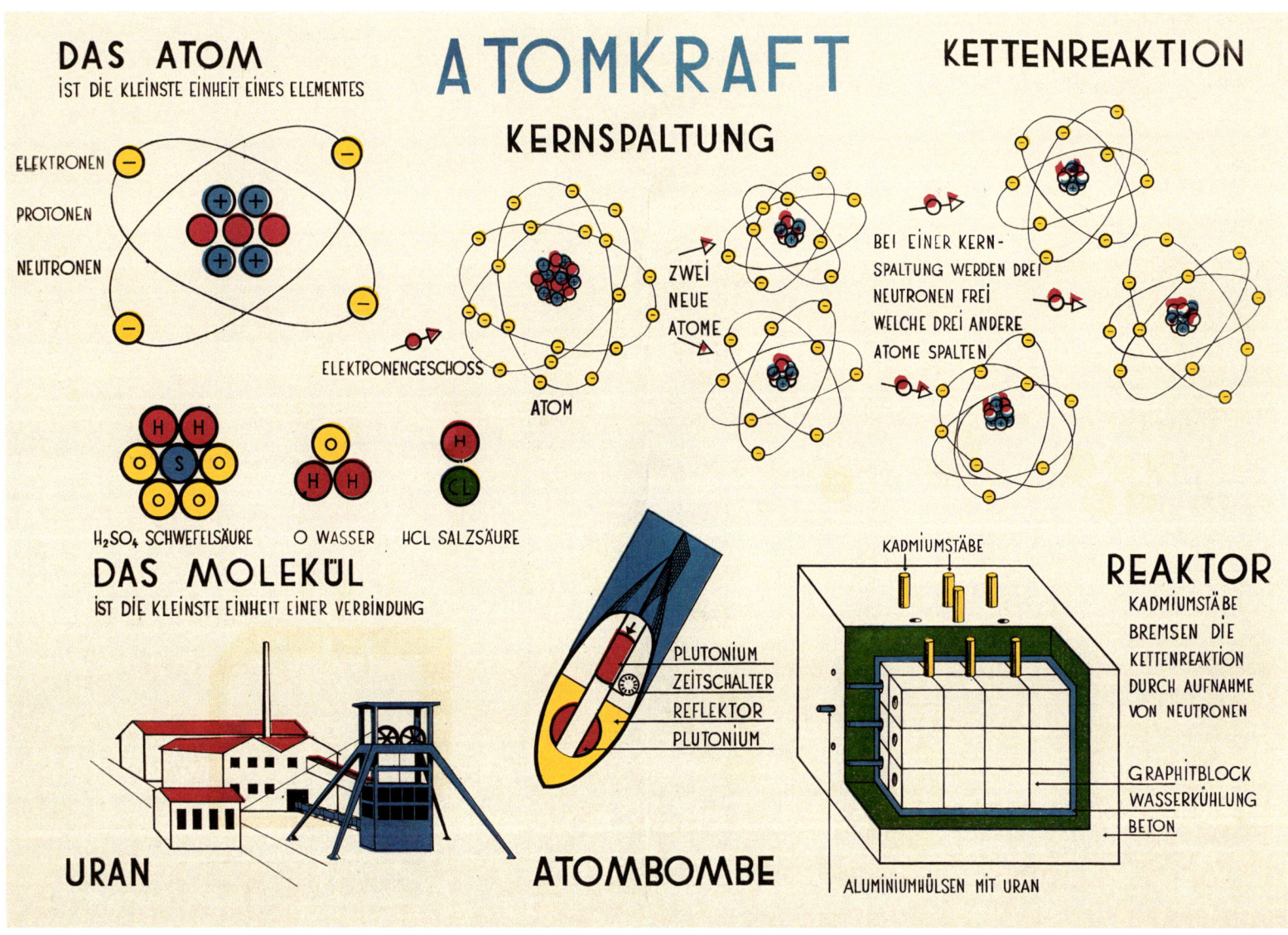

ELEKTRONEN

PROTONEN

NEUTRONEN

ELEKTRONENGESCHOSS

ATOM

ZWEI
NEUE
ATOME

BEI EINER KERN-
SPALTUNG WERDEN DREI
NEUTRONEN FREI
WELCHE DREI ANDERE
ATOME SPALTEN

H_2SO_4 SCHWEFELSÄURE   O WASSER   HCL SALZSÄURE

DAS MOLEKÜL
IST DIE KLEINSTE EINHEIT EINER VERBINDUNG

KADMIUMSTÄBE

REAKTOR
KADMIUMSTÄBE
BREMSEN DIE
KETTENREAKTION
DURCH AUFNAHME
VON NEUTRONEN

PLUTONIUM
ZEITSCHALTER
REFLEKTOR
PLUTONIUM

GRAPHITBLOCK
WASSERKÜHLUNG
BETON

URAN

ATOMBOMBE

ALUMINIUMHÜLSEN MIT URAN

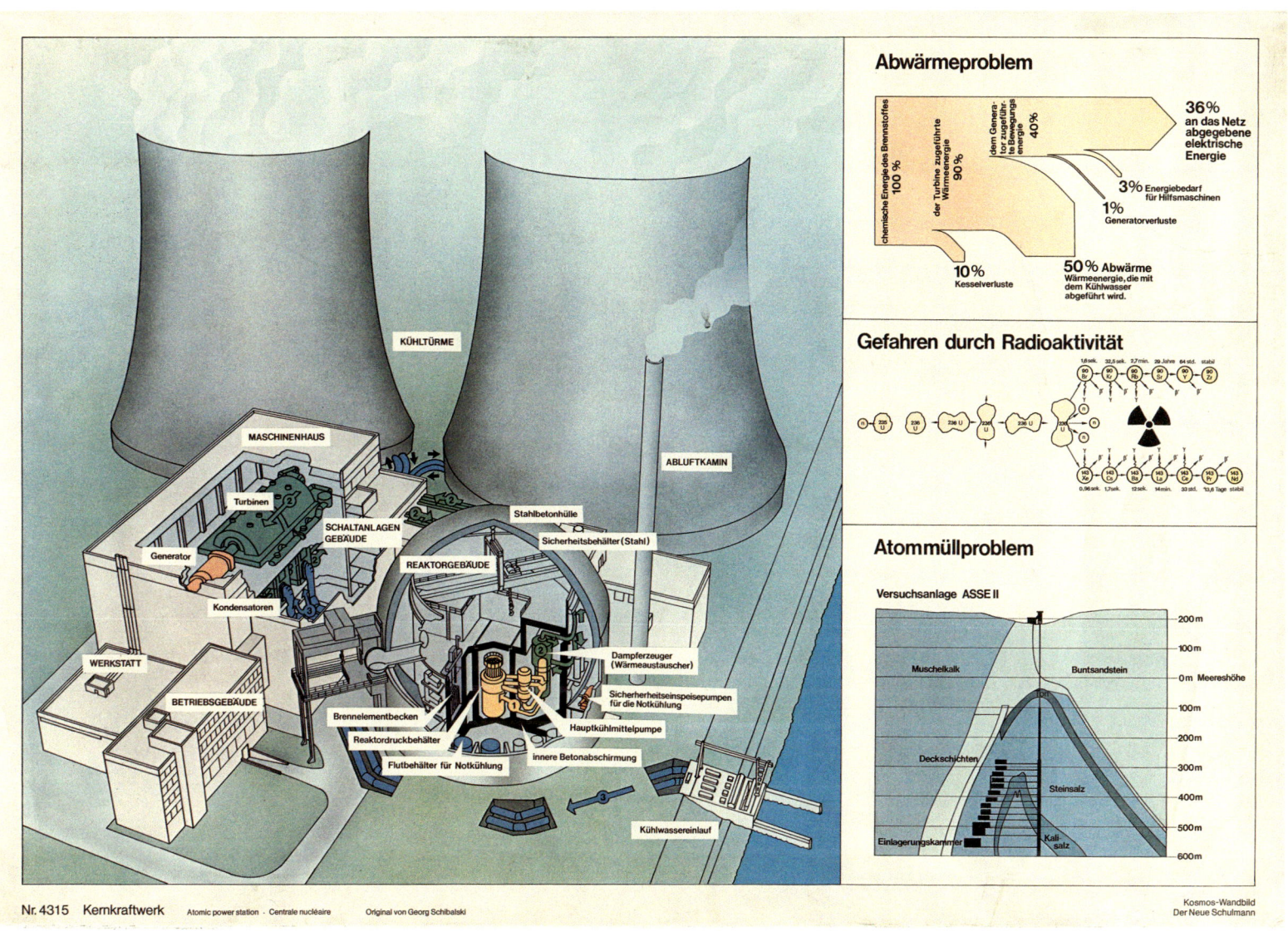

Abwärmeproblem

chemische Energie des Brennstoffes 100 %

der Turbine zugeführte Wärmeenergie 90 %

dem Generator zugeführte Bewegungsenergie 40%

36% an das Netz abgegebene elektrische Energie

3% Energiebedarf für Hilfsmaschinen

1% Generatorverluste

10% Kesselverluste

50% Abwärme Wärmeenergie, die mit dem Kühlwasser abgeführt wird.

Gefahren durch Radioaktivität

Atommüllproblem

Versuchsanlage ASSE II

Muschelkalk

Buntsandstein

Deckschichten

Steinsalz

Einlagerungskammer

Kali salz

200 m
100 m
0 m Meereshöhe
100 m
200 m
300 m
400 m
500 m
600 m

KÜHLTÜRME

ABLUFTKAMIN

MASCHINENHAUS

Turbinen

SCHALTANLAGEN GEBÄUDE

Generator

Stahlbetonhülle

Sicherheitsbehälter (Stahl)

REAKTORGEBÄUDE

Kondensatoren

WERKSTATT

BETRIEBSGEBÄUDE

Dampferzeuger (Wärmeaustauscher)

Sicherheitseinspeisepumpen für die Notkühlung

Brennelementbecken

Hauptkühlmittelpumpe

Reaktordruckbehälter

innere Betonabschirmung

Flutbehälter für Notkühlung

Kühlwassereinlauf

Nr. 4315 Kernkraftwerk Atomic power station · Centrale nucléaire   Original von Georg Schibalski

Kosmos-Wandbild
Der Neue Schulmann

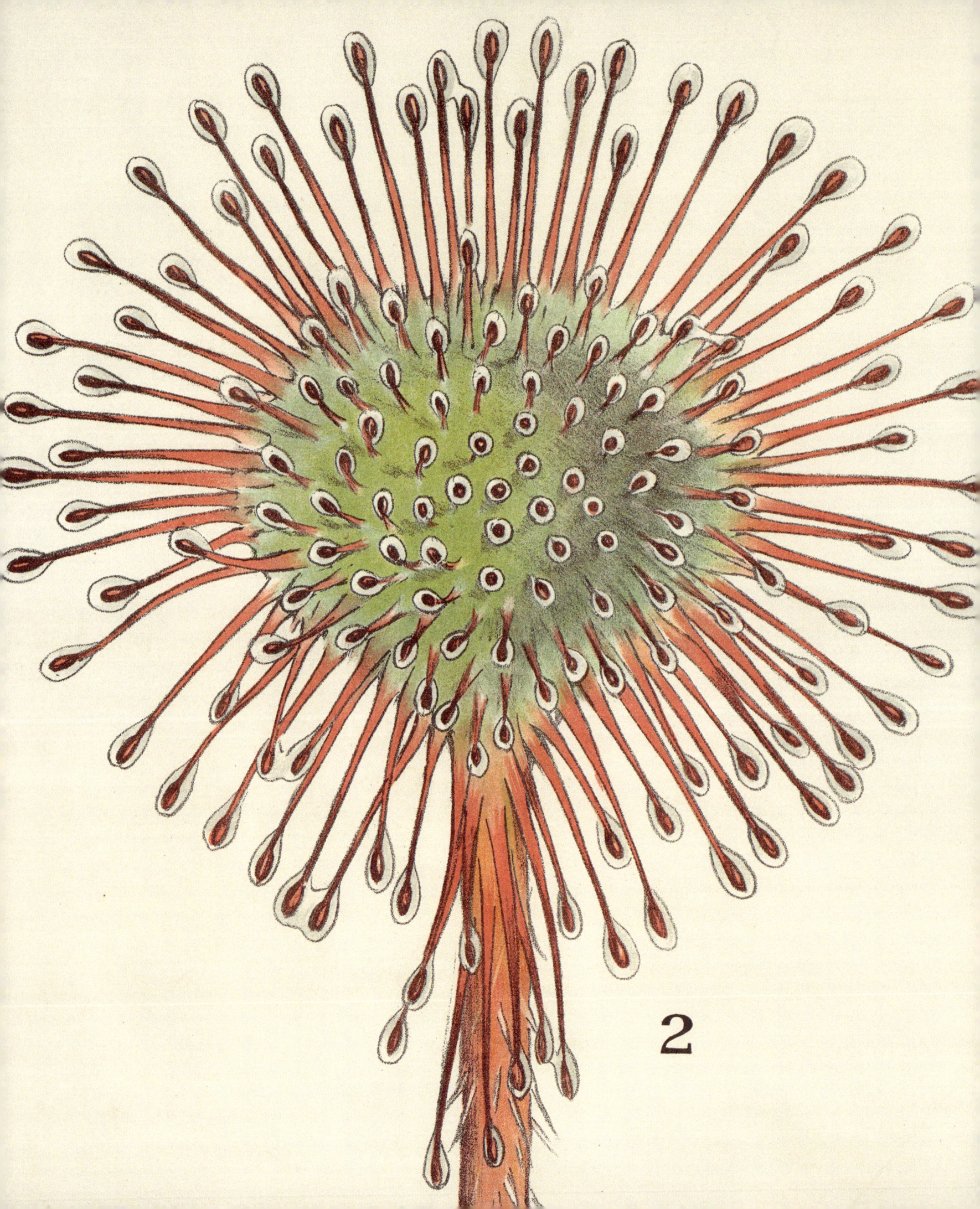

Pflanzen

Biologie, Botanik, Natur-
beschreibung, Naturkunde,
Pflanzenkunde, Vererbungslehre

→ Serientitel: Schmeil, Wandtafeln für den
botanischen Unterricht; Hagemanns
Lehrtafeln – Die ausländischen Nutzpflanzen;
Karlson & Richter, Das Leben der Pflanzen;
Jung – Koch – Quentell, Lehrtafeln zur
Botanik; Lehrtafeln zur Vererbungslehre
von Prof. Dr. J. Heimans; Balslev / Warming,
Botanische Tafeln

Im Unterricht in der Botanik stand zumeist das Naturobjekt selbst im Vordergrund.
Dem Schulwandbild wurde eine nachrangige Stellvertreterfunktion zugesprochen,
da es im Vergleich zum Original nur ein »Surrogat der Natur« sei, so der Biologe
Walther Schoenichen (1876–1956). Viele Lehrkräfte waren sich darin einig, dass es
der zahlreichen Abbildungen nicht bedürfe, denn die Beobachtung der Schülerinnen und Schüler sollte in erster Linie an den Pflanzen selbst geübt werden. Schulwandbilder kamen also vorrangig dann zum Einsatz, wenn kein Original verfügbar
war oder es um Prozesse und Details ging, die besser über das Bild veranschaulicht
werden konnten. Trotz dieser Bilderskepsis wurden für den botanischen Unterricht zahlreiche Schulwandbilder produziert. Das Spektrum reichte von einheimi-
schen Nutz- und Heilpflanzen über ausländische Kulturgewächse bis hin zu Pilzen
und Blütenformen. In der Genetik waren es vor allem die Mendel'schen Regeln, die
über Schulwandbilder erläutert wurden. Gregor Mendels (1822–1884) Versuchs-
reihen mit Erbsenpflanzen haben sich auf Schulwandbildern ebenso verewigt wie
der intermediäre Erbgang der Wunderblume (Mirabilis jalapa).

Detail
aus → D01

94

1

2 3

4

5

6

7

8

9

10 11

Kakao · Kaffee

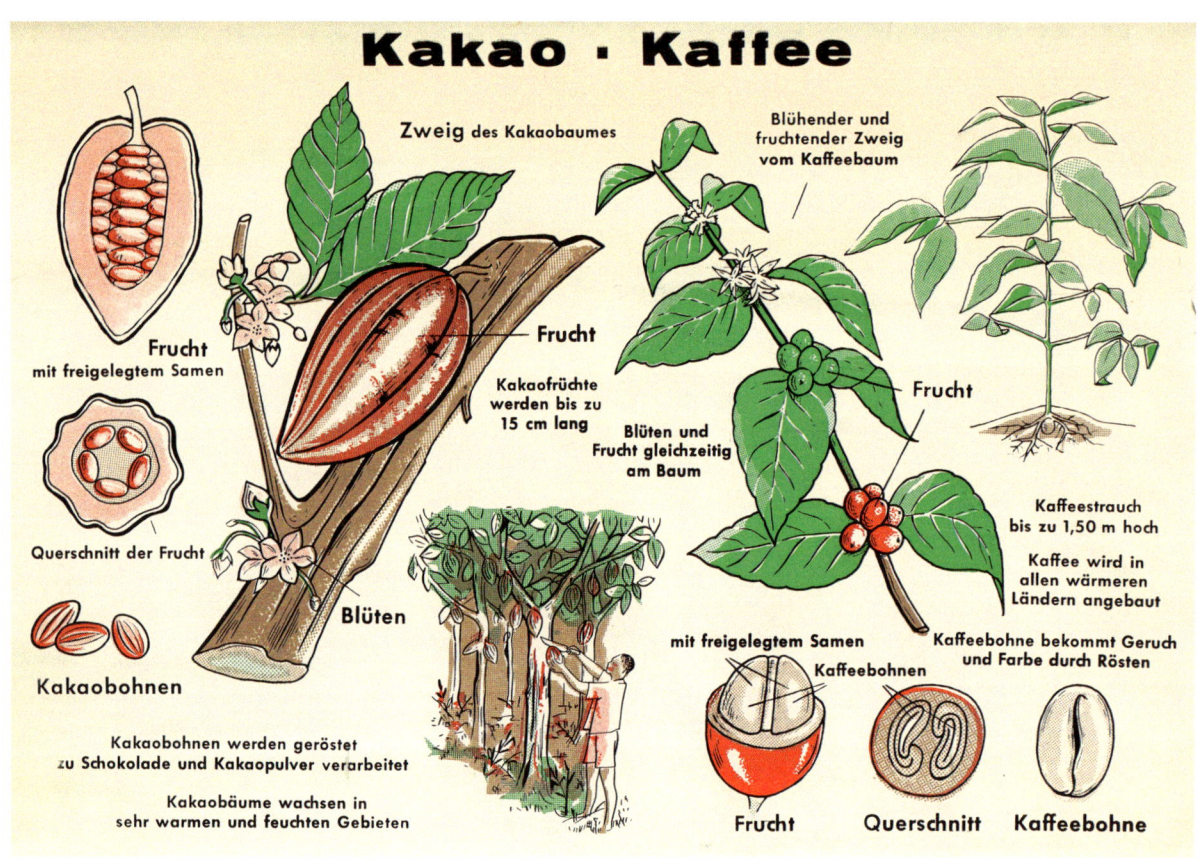

Frucht
mit freigelegtem Samen

Zweig des Kakaobaumes

Blühender und
fruchtender Zweig
vom Kaffeebaum

Frucht

Kakaofrüchte
werden bis zu
15 cm lang

Blüten und
Frucht gleichzeitig
am Baum

Frucht

Querschnitt der Frucht

Blüten

Kaffeestrauch
bis zu 1,50 m hoch

Kaffee wird in
allen wärmeren
Ländern angebaut

Kakaobohnen

mit freigelegtem Samen

Kaffeebohnen

Kaffeebohne bekommt Geruch
und Farbe durch Rösten

Kakaobohnen werden geröstet
zu Schokolade und Kakaopulver verarbeitet

Kakaobäume wachsen in
sehr warmen und feuchten Gebieten

Frucht **Querschnitt** **Kaffeebohne**

Tabak · Tee

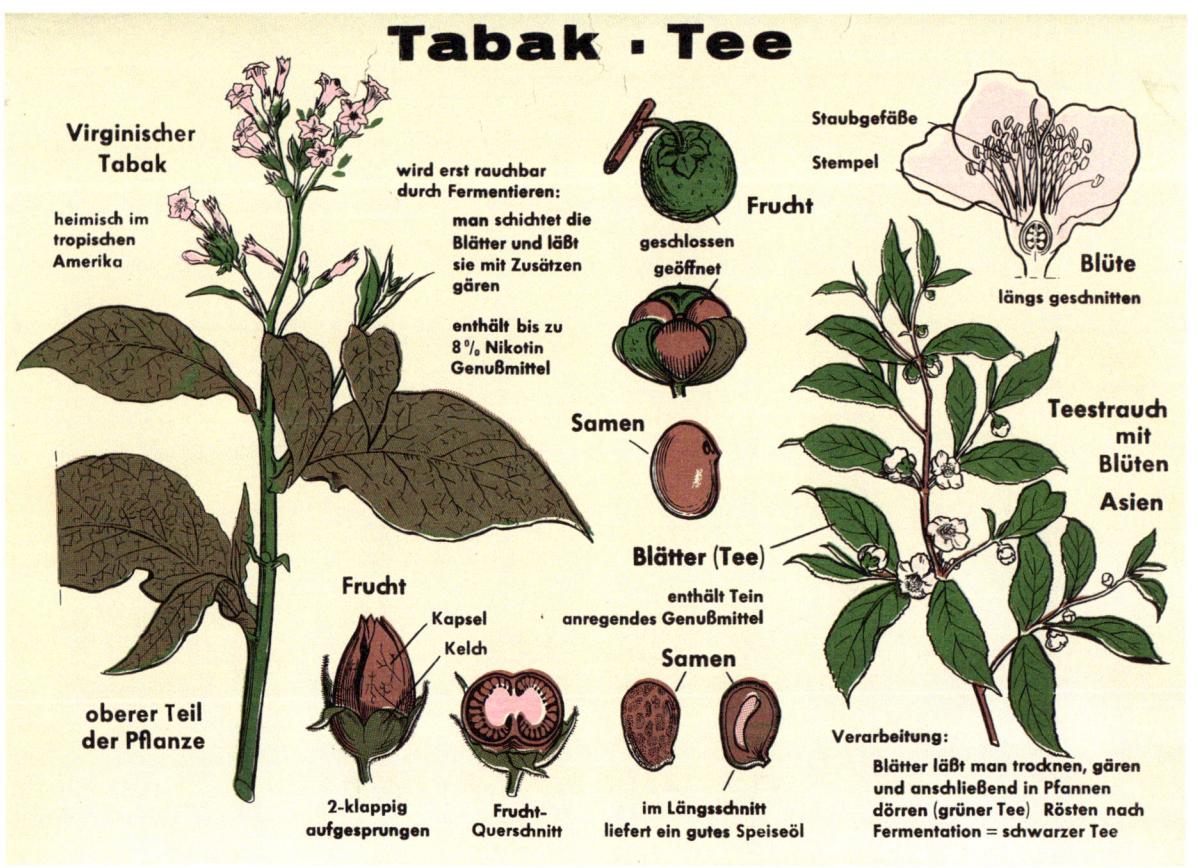

**Virginischer
Tabak**

heimisch im
tropischen
Amerika

wird erst rauchbar
durch Fermentieren:

man schichtet die
Blätter und läßt
sie mit Zusätzen
gären

enthält bis zu
8 % Nikotin
Genußmittel

Frucht

geschlossen
geöffnet

Samen

Staubgefäße

Stempel

Blüte

längs geschnitten

**Teestrauch
mit
Blüten**

Asien

Blätter (Tee)

enthält Tein
anregendes Genußmittel

Samen

Frucht

Kapsel

Kelch

**oberer Teil
der Pflanze**

2-klappig
aufgesprungen

Frucht-
Querschnitt

im Längsschnitt
liefert ein gutes Speiseöl

Verarbeitung:

Blätter läßt man trocknen, gären
und anschließend in Pfannen
dörren (grüner Tee) Rösten nach
Fermentation = schwarzer Tee

Lehrmittelverlag Hagemann, Düsseldorf
© 1964 · Printed in Germany

D06

Ährengräser

Süßgräser unserer Wiesen

Ährchen   Spindel

Rispengräser

Honiggras   Straußgras

Quecke   englisch Raygras   Wiesenrispengras

Taumellolch
(Pilzkrankheit)
Giftig!

Trespe

franzöſ. Raygras   Knäuelgras   Zittergras   Strandroggen

Flaumhafer   Glanzgras   Wiesenschwingel   Strandhafer

Vorspelze   Staubbeutel

Süßgras-Halm ○

Sauergras-Halm ▽

Wiesen-
Fuchsschwanz   Wiesen-
Lieschgras   Kammgras   Ruchgras   Fruchtknoten   Narben

Einzelblüte der Gräser

Tafel 55
59

VÄXTERNAS LIV
4. BLOMMA och BLOMSTÄLLNINGAR

NORSTEDTS SKOLAVDELNING
01   1775

1. Längdsnitt av blomma.   2. Tvärsnitt av blomma.   3. Gräsblomma.   4. "Honungsblomma" (Lejongap).   5. "Pollenblomma" (Vallmo).   6. Klase.   7. Ax.   8. Flock.   9. Korg.   10. Knippe.

D10

Erdbeere

Stachelbeere

Brombeere

Himbeere

rote und weiße Johannisbeere

schwarze Johannisbeere

Heidelbeere

Preiselbeere

Walderdbeere

Nr. 4318 Beerenobst Berries · Baies Original von Eva Hohrath

Kosmos-Wandbild
Der Neue Schulmann

Prunus avium / Kirschbaum

Tulpe / Tulipa gesneriana

Pinus silvestris / Waldkiefer

Corylus avellana / Haselnußstrauch

Polytrichum commune / Haarmoos

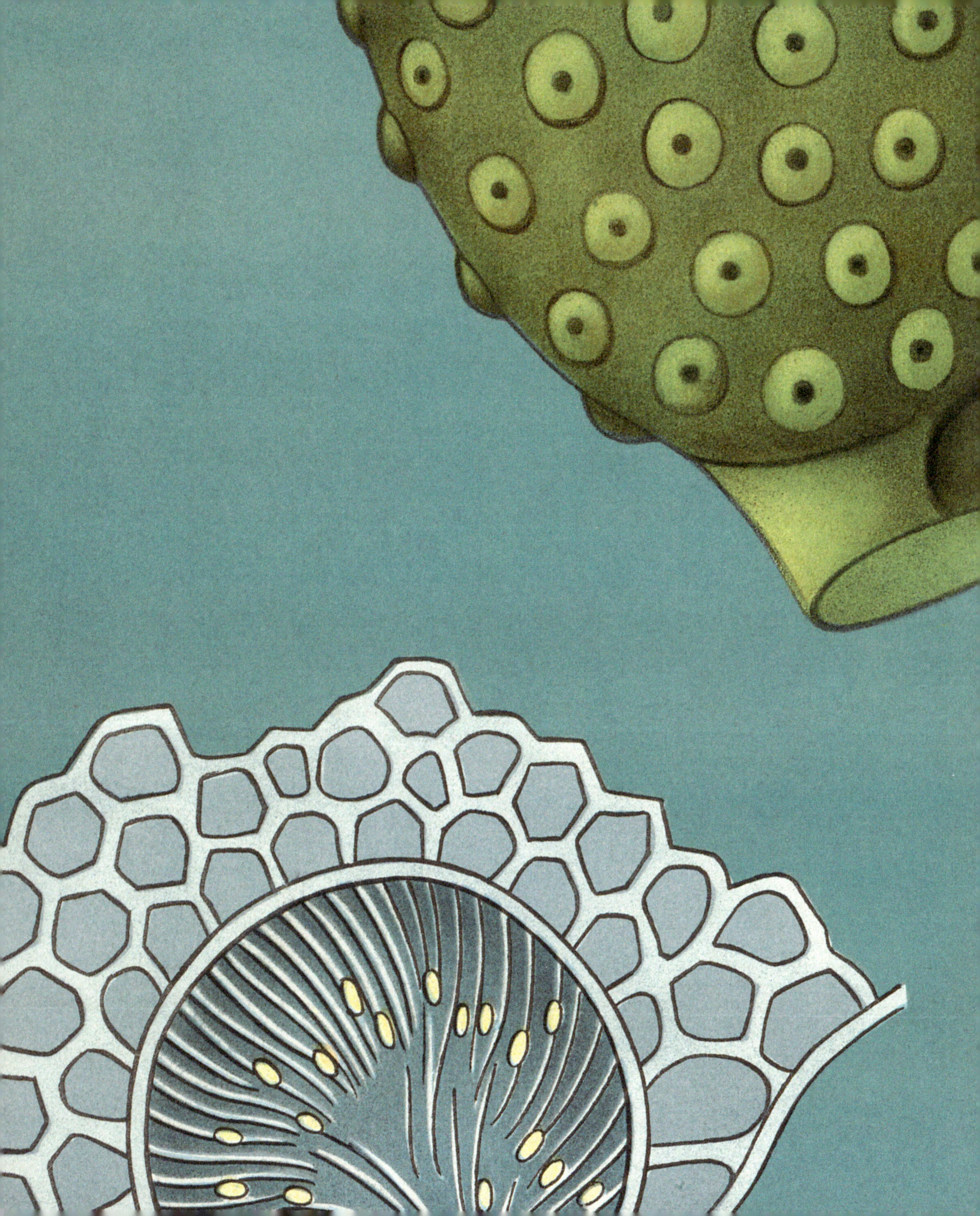

Lehrmittelverlag Hagemann, Düsseldorf

EINZELLER IV

A.B.F.A. NORSTEDT & SÖNER
STOCKHOLM

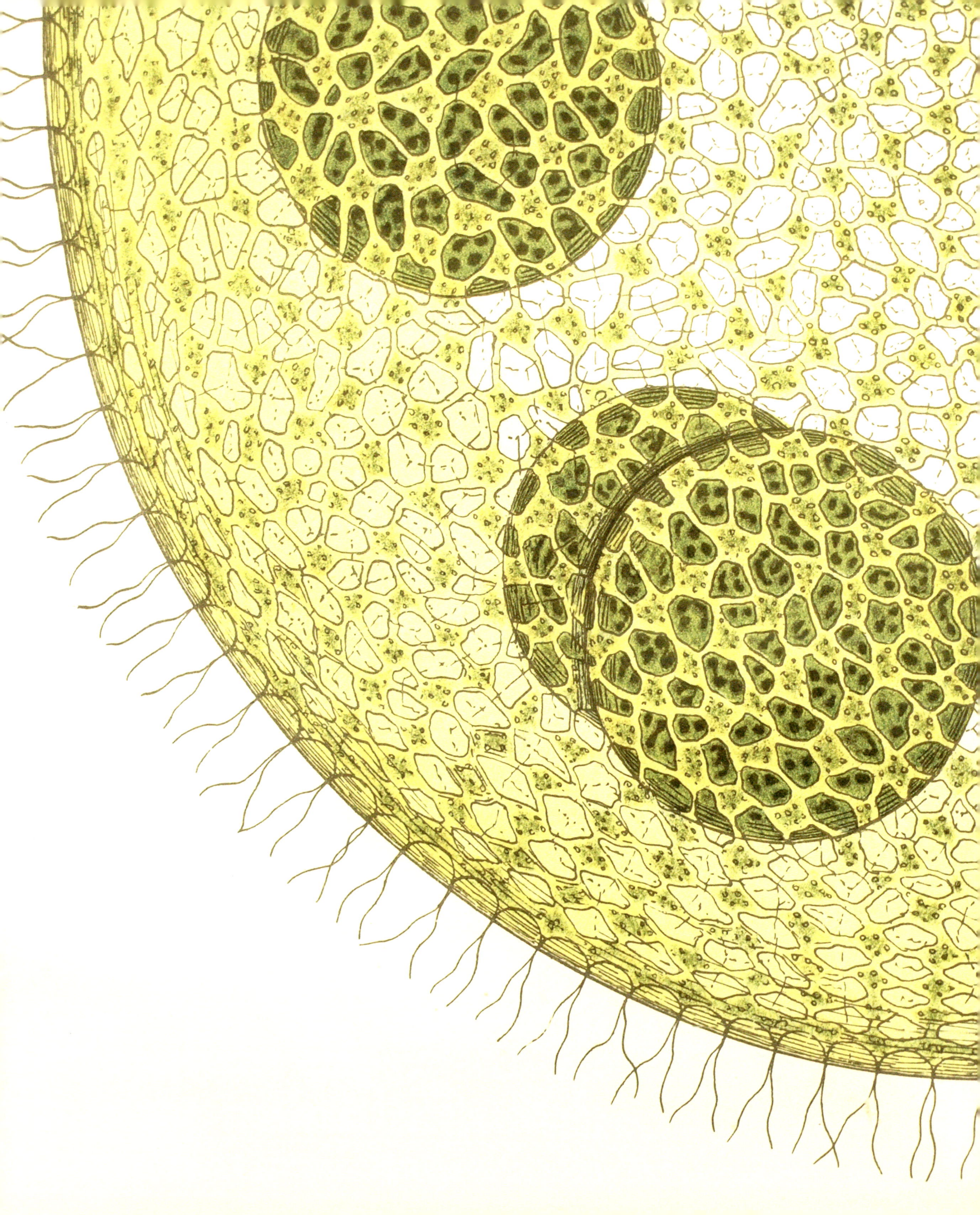

2

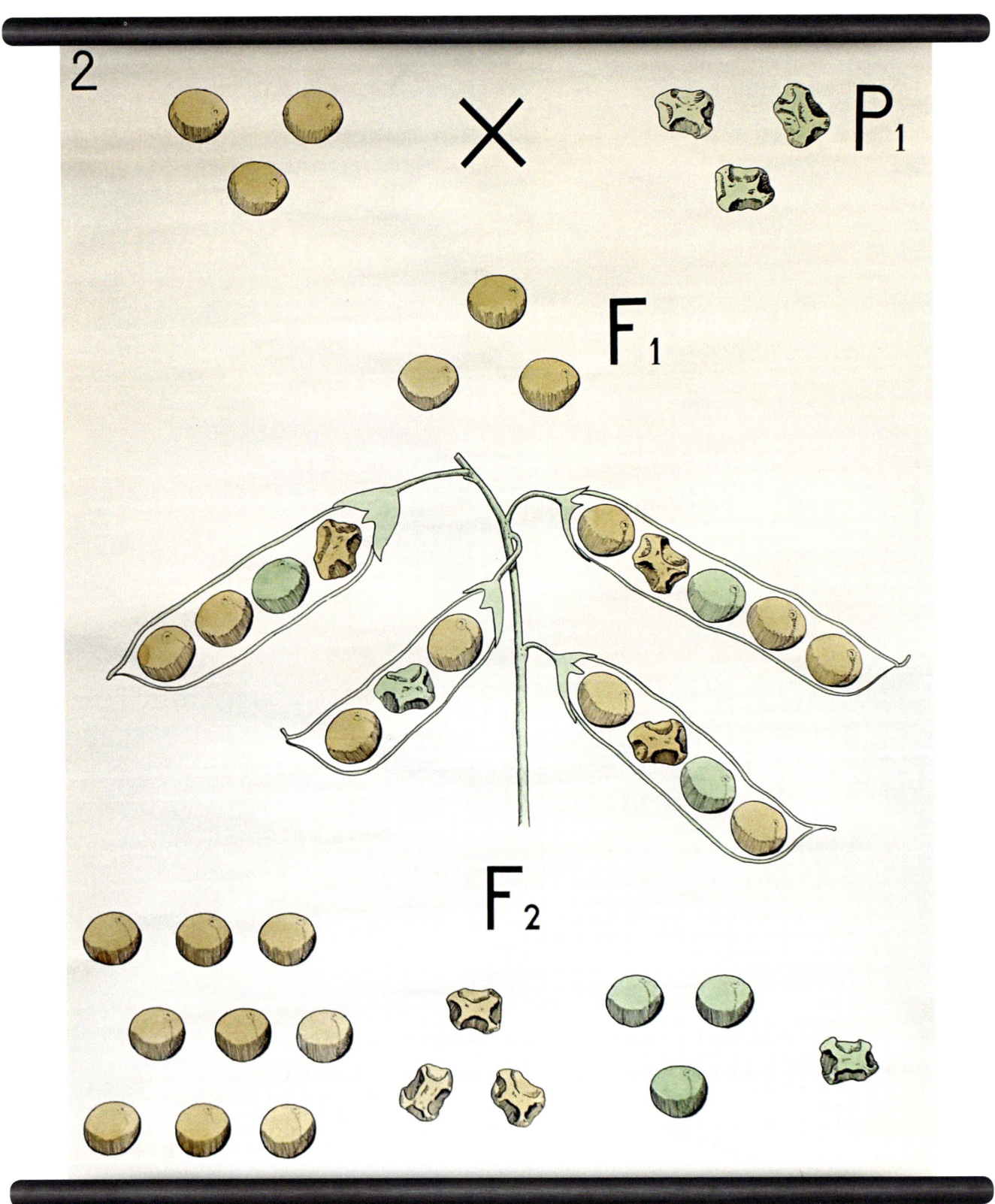

X

P₁

F₁

F₂

Mirabilis.

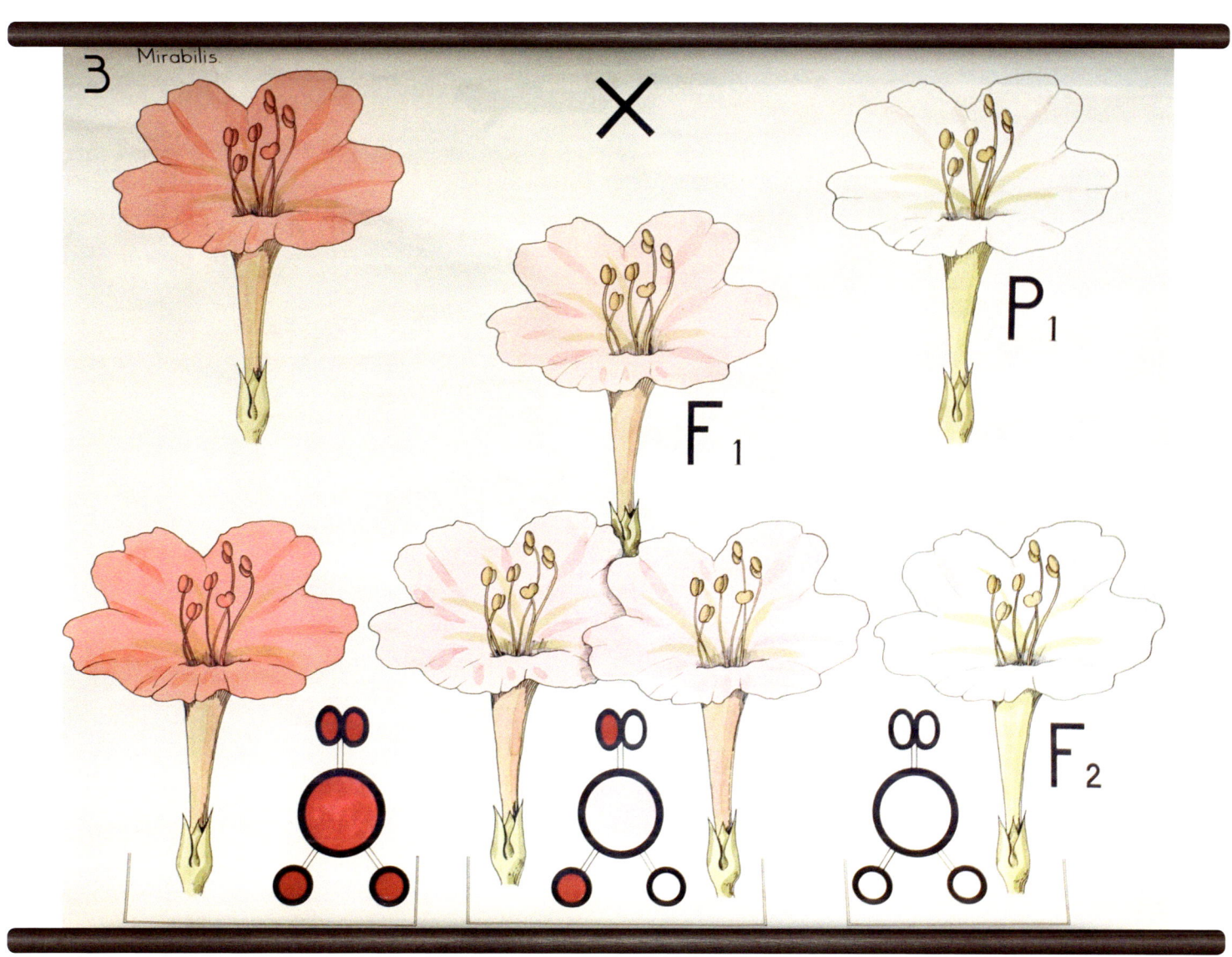

X

P_1

F_1

F_2

Tiere

Biologie, Naturbeschreibung,
Naturgeschichte, Naturkunde,
Tierkunde, Zoologie

→ Serientitel: Meinhold, Wandbilder für den
Unterricht in der Zoologie; Schmeil, Wandtafeln
für den zoologischen Unterricht; Jung –
Koch – Quentell, Neue Wandtafeln für den
Unterricht in der Naturgeschichte; Jung –
Koch – Quentell, Lehrtafeln zur Zoologie;
Tirén / Küsel, Zoologische Bilder; Tierbilder für
den Anschauungsunterricht in der Volksschule
sowie zur Grundlage für den naturgeschichtlichen Unterricht; Die Lebensbeziehungen
und die Gewohnheiten der Tiere – Ökologisch-
ethologische Wandtafeln zur Zoologie; Die
Lehre vom Bau der Tiere. Wandtafeln zur
vergleichenden Morphologie und Anatomie
der Tiere

Der naturkundliche Unterricht war lange Zeit weitgehend auf das trockene
Beschreiben und Klassifizieren beschränkt, erst durch Reformen kam es zu einer
inhaltlich-methodischen Neuausrichtung, die den naturkundlichen Unterricht
zur Biologie im eigentlichen Sinne führte. Viele Wandbilder wurden daraufhin neu
gestaltet. Während die Tiere vorher zumeist vor weißem Hintergrund abgebildet
wurden, präsentierten nun lebensnahe Darstellungen das Tier in seiner natürlichen Umgebung. Eine wichtige Figur innerhalb dieser Reformbestrebungen war
der Biologe und Pädagoge Otto Schmeil (1860–1943), der selbst Schulwandbilder
herausgegeben hat. Die Schmeil'schen Bilder wurden vor allem wegen ihrer künstlerischen Qualität hochgelobt, wobei zur umfangreichen Würdigung auch das
große Format der Wandbilder beitrug: Mit 160×115 cm übertrafen die Bilder die
Mehrzahl der anderen biologischen Bildwerke. Gestalterisch besonders einpräg-
sam und bis heute verfügbar sind die Tafeln des Düsseldorfer Hagemann Verlags.
Diese zeigen im oberen Teil jeweils das Tier in seinem Lebensraum, im unteren
Teil werden auf dunklem Hintergrund anatomische Einzelheiten dargestellt, die
das Erkennen von artspezifischen Eigenheiten und Funktionsweisen ermöglichen.

Detail
aus → E12

119

124

Jung-Koch-Quentell

Lehrmittelverlag Hagemann, Düsseldorf

Lehrmittelverlag Hagemann, Düsseldorf
in Arbeitsgemeinschaft mit Frommann & Morian Verlag, Darmstadt

E13

Jung-Koch-Quentell

Lehrmittelverlag Hagemann, Düsseldorf
in Arbeitsgemeinschaft mit Frommann & Morian Verlag, Darmstadt

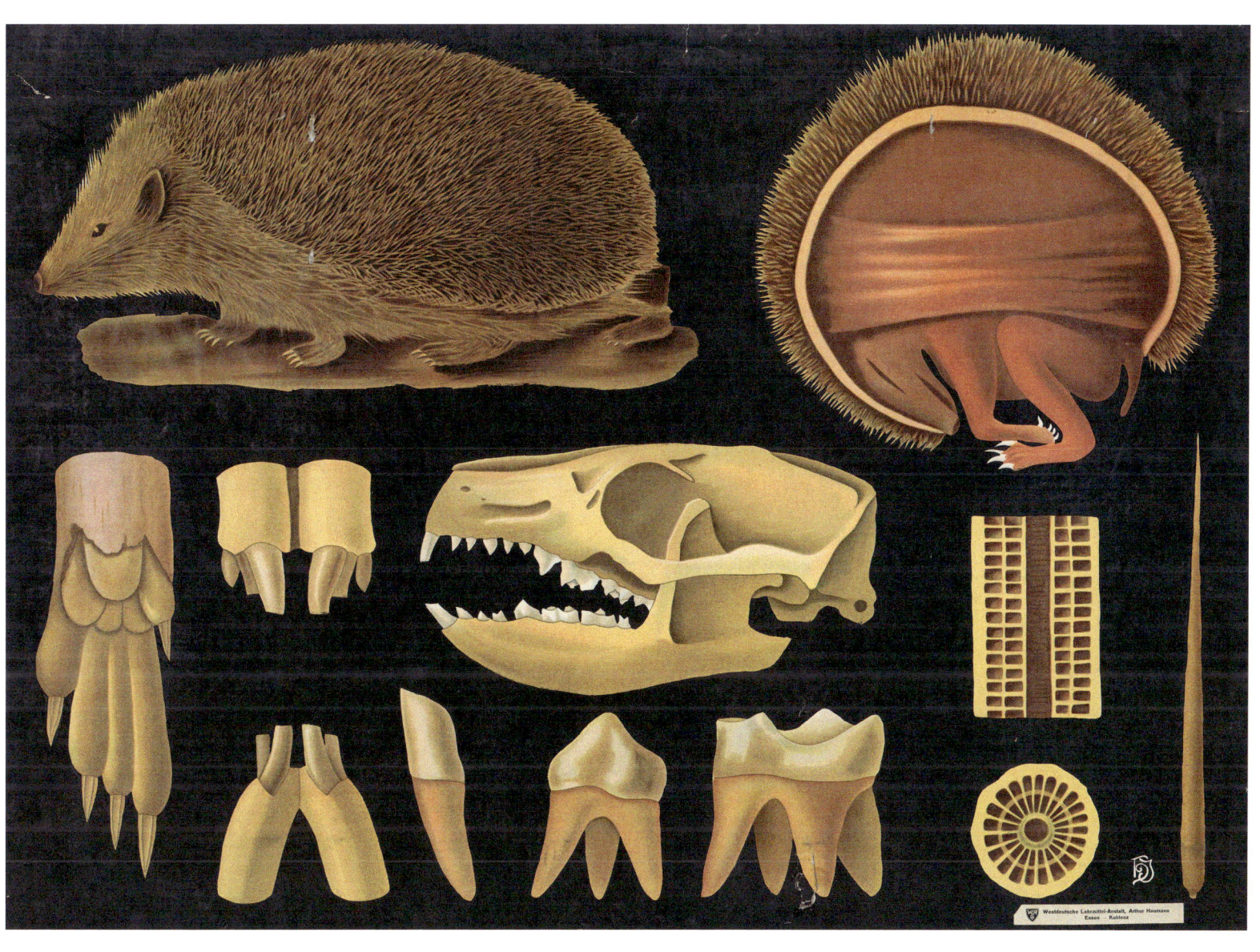

DAS PFERD

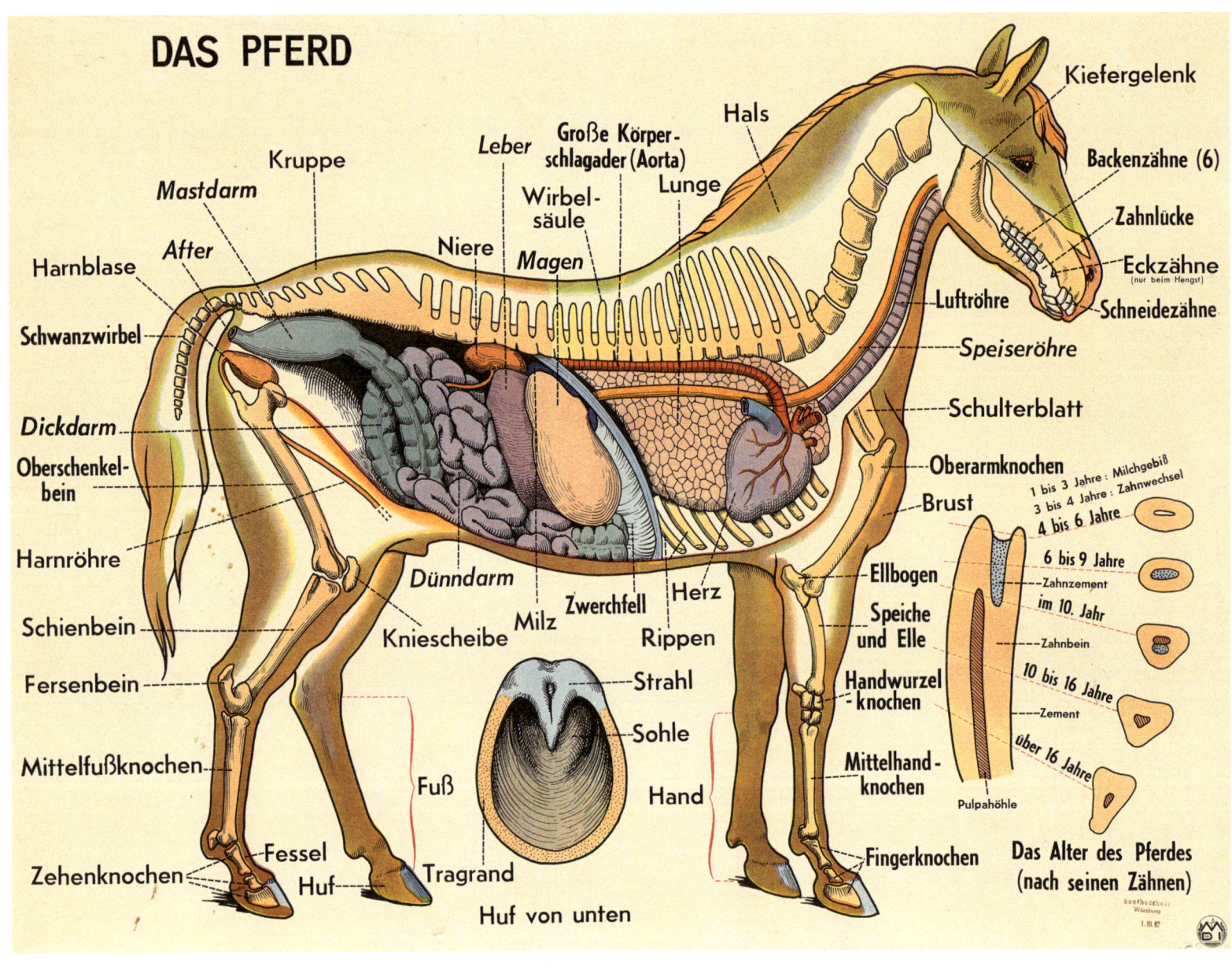

Kiefergelenk

Backenzähne (6)

Zahnlücke

Eckzähne (nur beim Hengst)

Schneidezähne

Hals

Leber

Große Körper-
schlagader (Aorta)

Lunge

Wirbel-
säule

Magen

Kruppe

Mastdarm

Niere

After

Harnblase

Schwanzwirbel

Luftröhre

Speiseröhre

Schulterblatt

Dickdarm

Oberschenkel-
bein

Oberarmknochen

Brust

Harnröhre

Ellbogen

Dünndarm

Speiche
und Elle

Herz

Handwurzel
-knochen

Schienbein

Zwerchfell

Milz

Kniescheibe

Rippen

Mittelhand-
knochen

Fersenbein

Strahl

Sohle

Hand

Mittelfußknochen

Fuß

Fessel

Zehenknochen

Huf

Tragrand

Fingerknochen

Huf von unten

1 bis 3 Jahre : Milchgebiß
3 bis 4 Jahre : Zahnwechsel

4 bis 6 Jahre

6 bis 9 Jahre

Zahnzement

im 10. Jahr

Zahnbein

10 bis 16 Jahre

Zement

über 16 Jahre

Pulpahöhle

**Das Alter des Pferdes
(nach seinen Zähnen)**

DAS PFERD AUF DEM BAUERNHOF

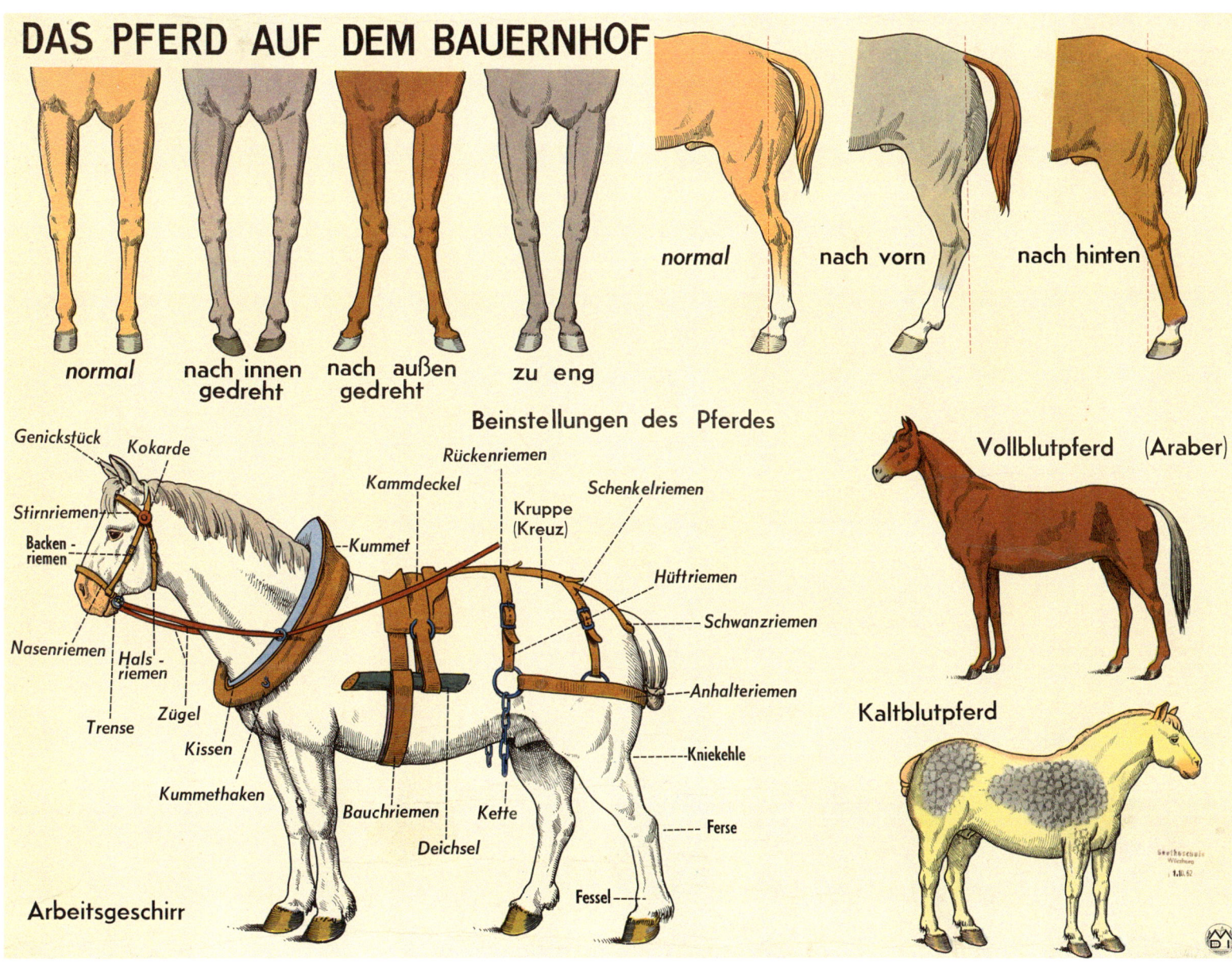

normal

nach innen gedreht

nach außen gedreht

zu eng

normal

nach vorn

nach hinten

Beinstellungen des Pferdes

Genickstück

Kokarde

Stirnriemen

Backen-riemen

Nasenriemen

Hals-riemen

Trense

Zügel

Kissen

Kummethaken

Bauchriemen

Deichsel

Rückenriemen

Kammdeckel

Kruppe (Kreuz)

Kummet

Schenkelriemen

Hüftriemen

Schwanzriemen

Anhalteriemen

Kniekehle

Ferse

Kette

Fessel

Arbeitsgeschirr

Vollblutpferd (Araber)

Kaltblutpferd

135

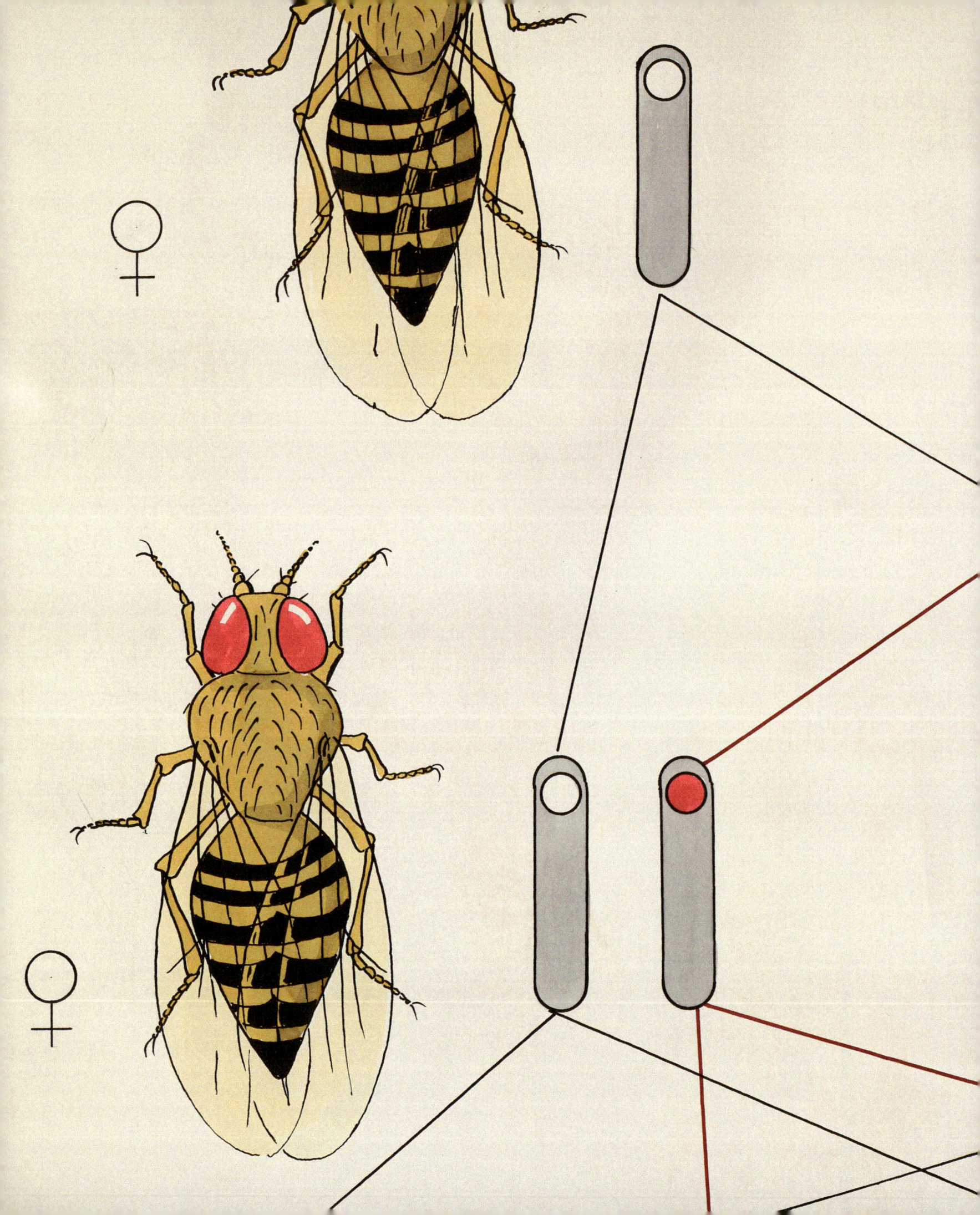

12

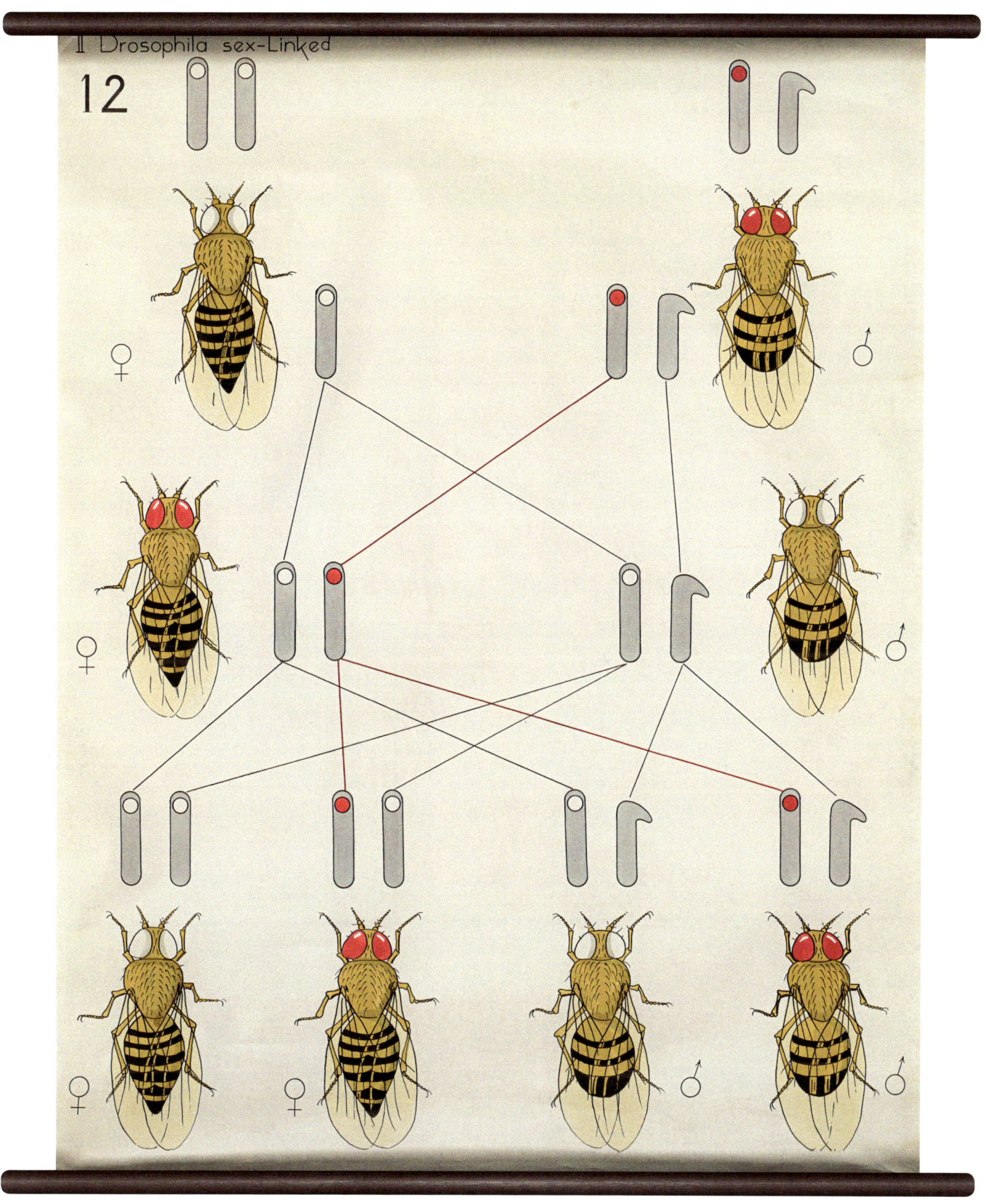

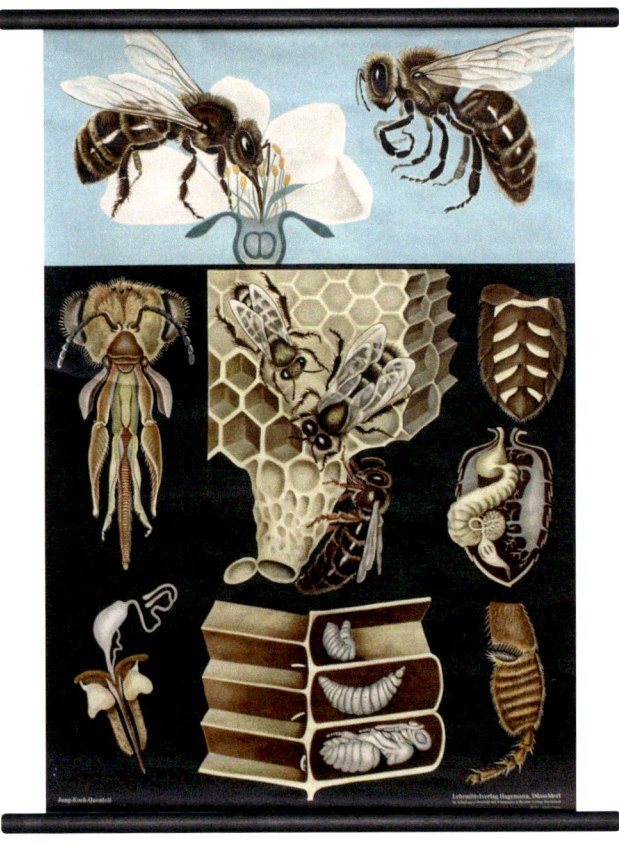

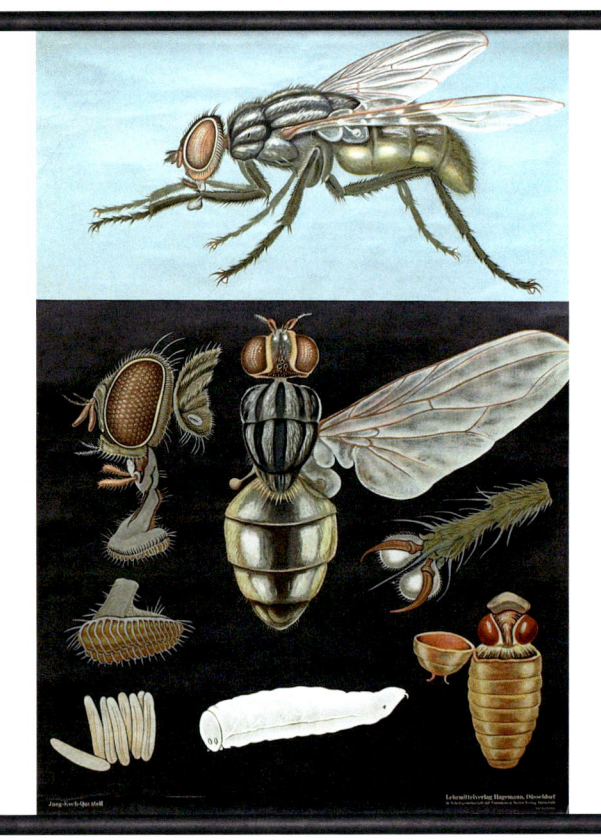

Lehrmittelverlag Hagemann, Düsseldorf
© 1956 · Printed in Germany 1973

RYGGRADSDJURENS BYGGNAD
SERIE II
6. Fiskar

A. Abborre, uppdissekerad

B. Gälarna av broskfisk, genomskuren på längden

C. Gälarm av benfisk, genomskuren på längden

D. Blodomlopp av fisk, schematiskt

E. Snitt genom huden hos benfisk, schematiskt

F. Fjäll av abborre med årsringar

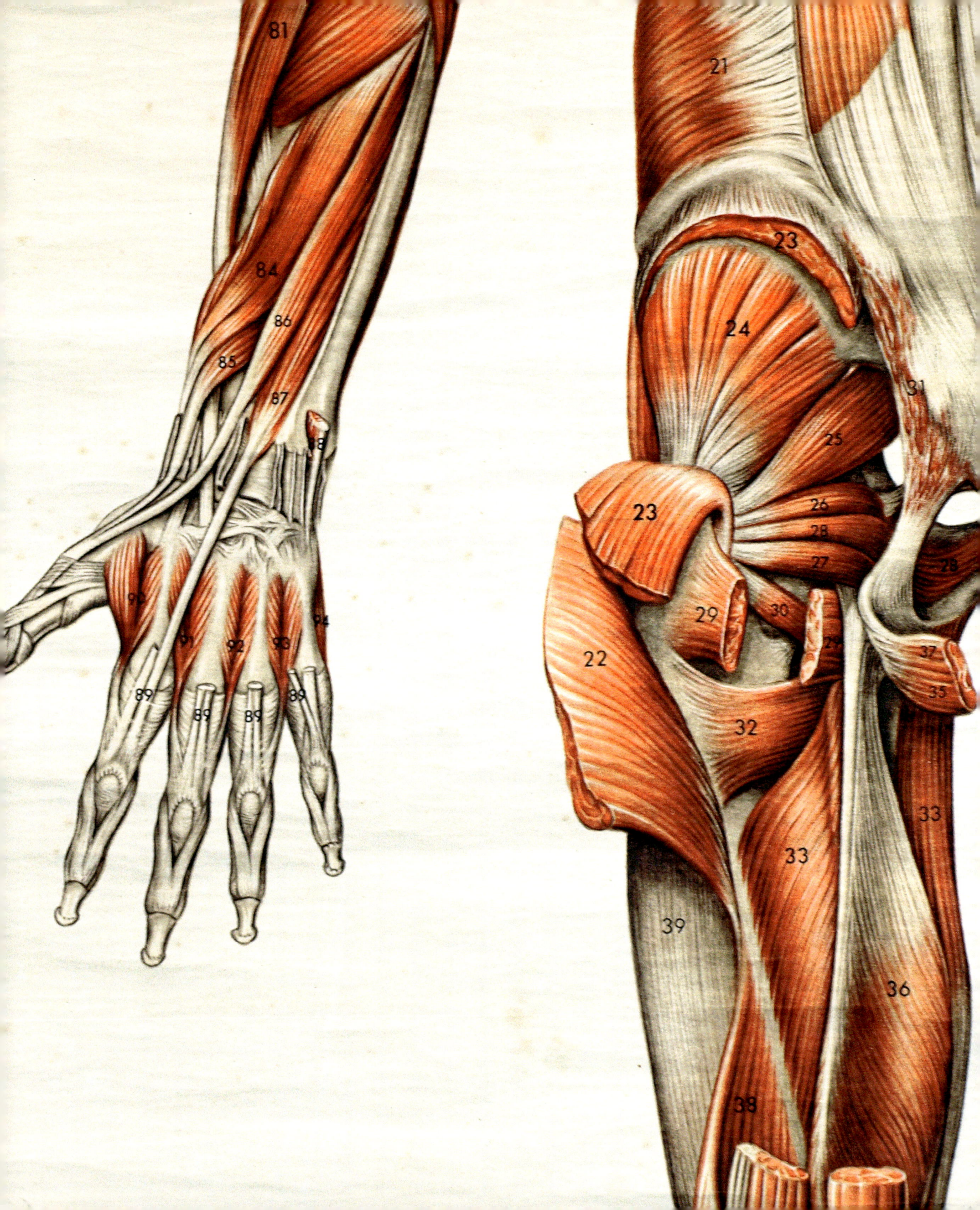

Mensch

Anthropologie, Anatomie,
Biologie, Gesundheitslehre,
Menschenkunde,
Nahrungsmittelkunde,
Sexualkunde

→ Serientitel: Eschners Anatomische Wandtafeln;
Arbeitstafeln Sexualerziehung; Der Mensch,
Menschenkunde und Körperpflege; Biologisch-
hygienisches Unterrichtswerk der Bundes-
zentrale für gesundheitliche Aufklärung –
Der menschliche Körper; Deutsches Hygiene-
Museum, Biologisch-hygienische Unterrichts-
sammlung; Eschner, Die erste Hilfeleistung
bei Unglücksfällen; Biologisch-hygienisches
Unterrichtswerk des Deutschen Gesundheits-
Museums Köln, V. Abteilung, Erste Hilfe bei
Unglücksfällen

Während schon im 19. Jahrhundert die anatomischen Wandtafeln den Bau des menschlichen Körpers, die Lage der inneren Organe oder den Blutkreislauf veranschaulichten, hing die Etablierung der Gesundheitserziehung mit der Urbanisierung und den Lebensbedingungen zu Beginn des 20. Jahrhunderts zusammen. Um über Krankheiten aufzuklären, ihnen vorzubeugen und eine hygienische Lebensweise zu befördern, wurden Schulen mit der Aufgabe betraut, sich in den Dienst der Gesundheitserziehung zu stellen. Erstmalig wurden auch Schulärzte eingesetzt. Große Bedeutung erlangte das 1912 gegründete Hygiene-Museum in Dresden, das über eine eigene Lehrmittelproduktion verfügte. Ab 1949 unterstützte das Deutsche Gesundheits-Museum in Köln mit Schulwandbildern und Informationsmaterial die schulische Präventionsarbeit. Es wurden medizinische und gesundheitliche Themen behandelt, die Kinder- und Geschlechtskrankheiten ebenso umfassten wie die Nährwerte und Vitamine in den Lebensmitteln. Mit dem Beschluss der Kultusministerkonferenz vom 3.10.1968 wurde schließlich die Sexualerziehung von amtlicher Seite eigens mit in die schulische Aufklärungsarbeit aufgenommen. Passend dazu brachte der Claudius-Verlag 1970 die »Arbeitstafeln zur Sexualerziehung« auf den Markt.

Detail
aus → F02

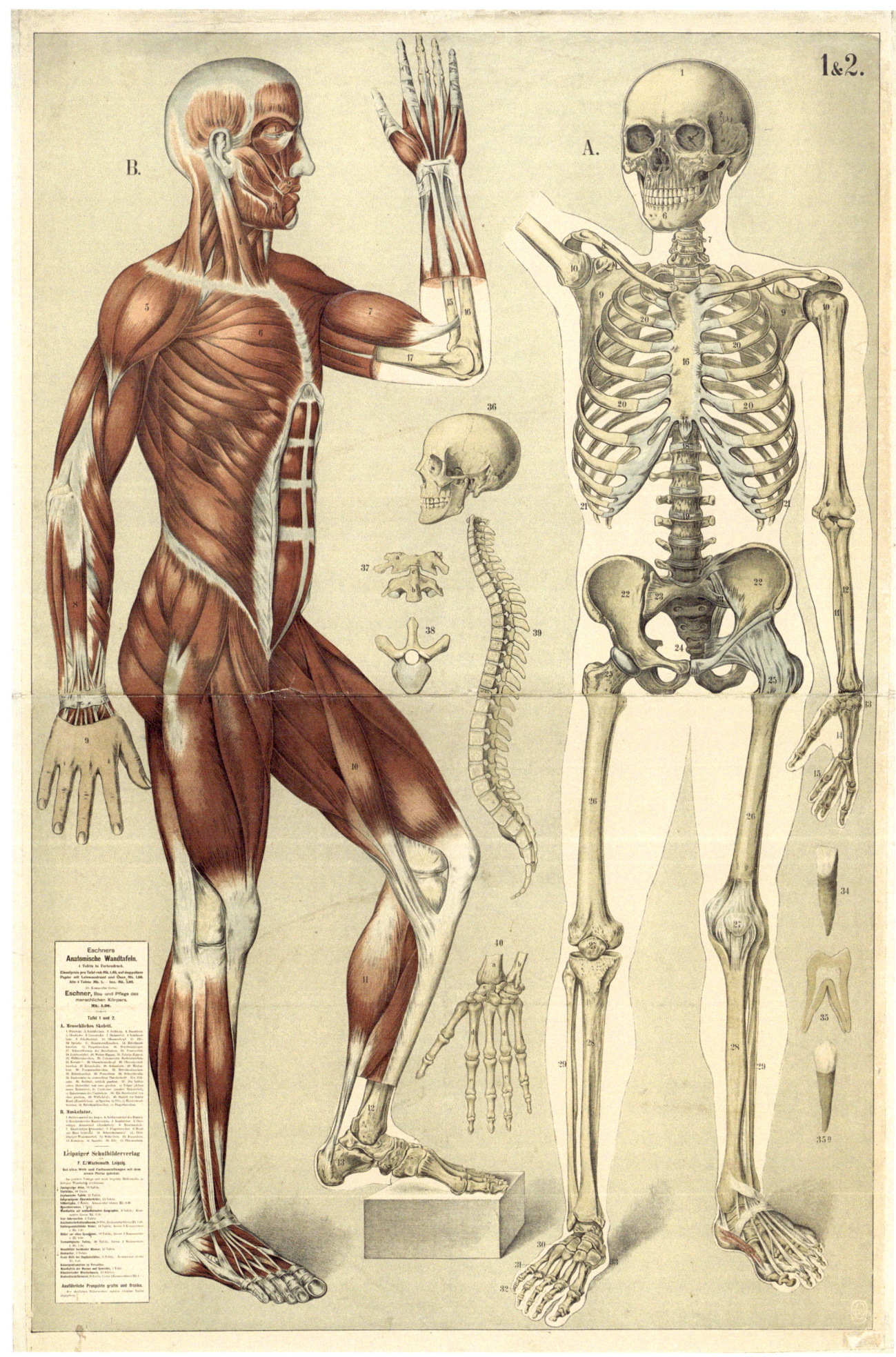

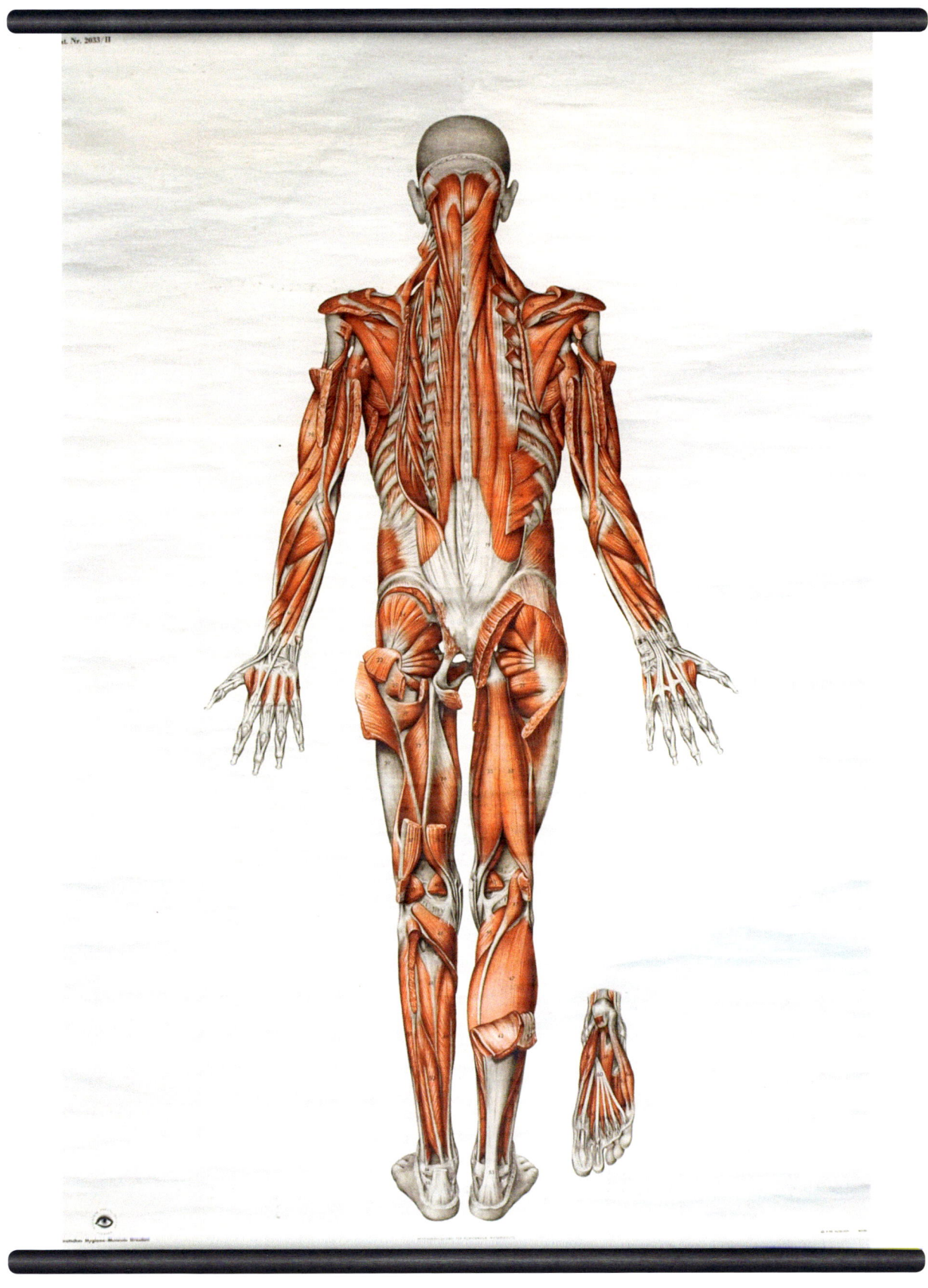

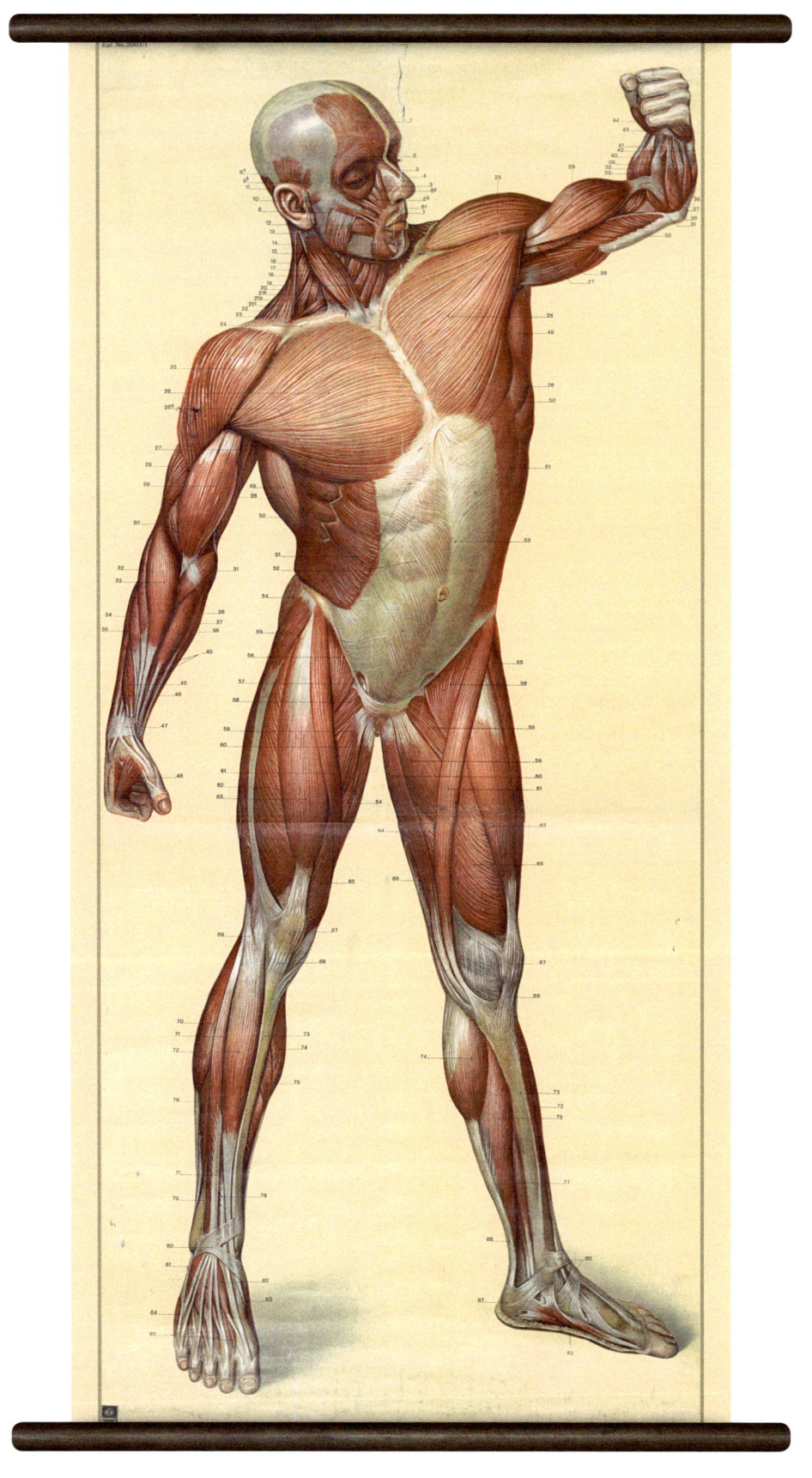

Bewegungen durch unsere Muskeln

7

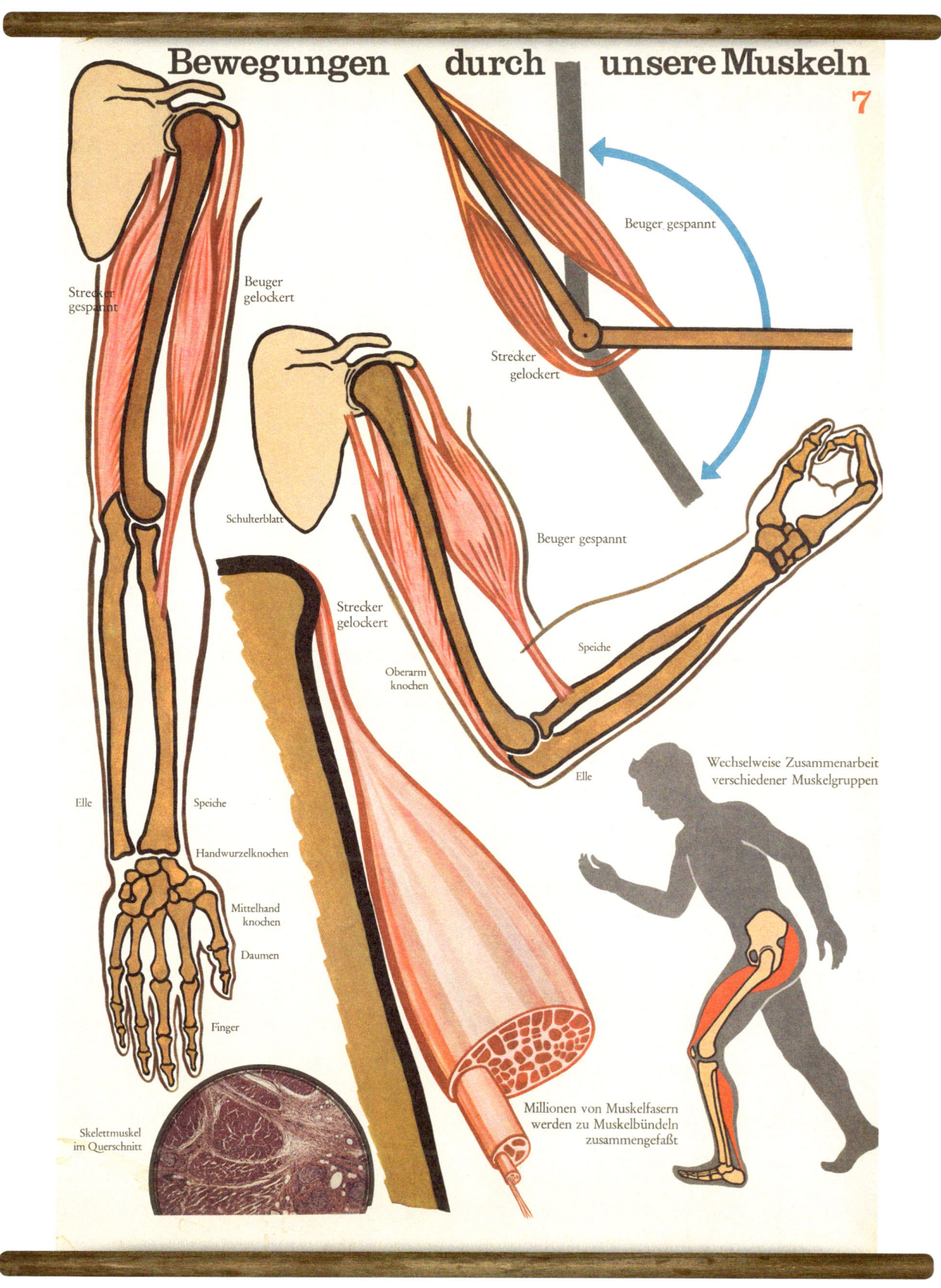

Strecker
gespannt

Beuger
gelockert

Beuger gespannt

Strecker
gelockert

Schulterblatt

Strecker
gelockert

Oberarm
knochen

Speiche

Elle

Elle

Speiche

Handwurzelknochen

Mittelhand
knochen

Daumen

Finger

Skelettmuskel
im Querschnitt

Millionen von Muskelfasern
werden zu Muskelbündeln
zusammengefaßt

Wechselweise Zusammenarbeit
verschiedener Muskelgruppen

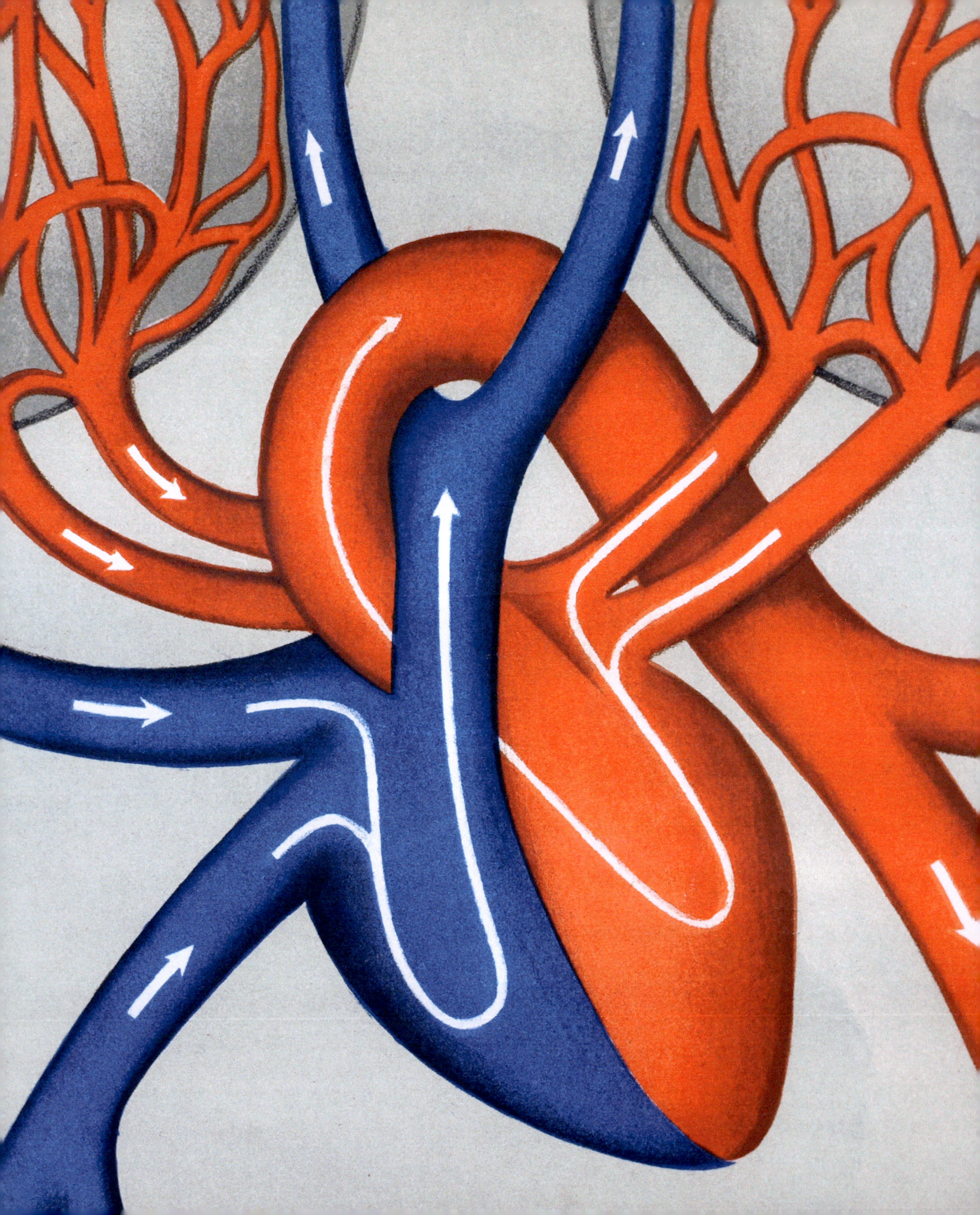

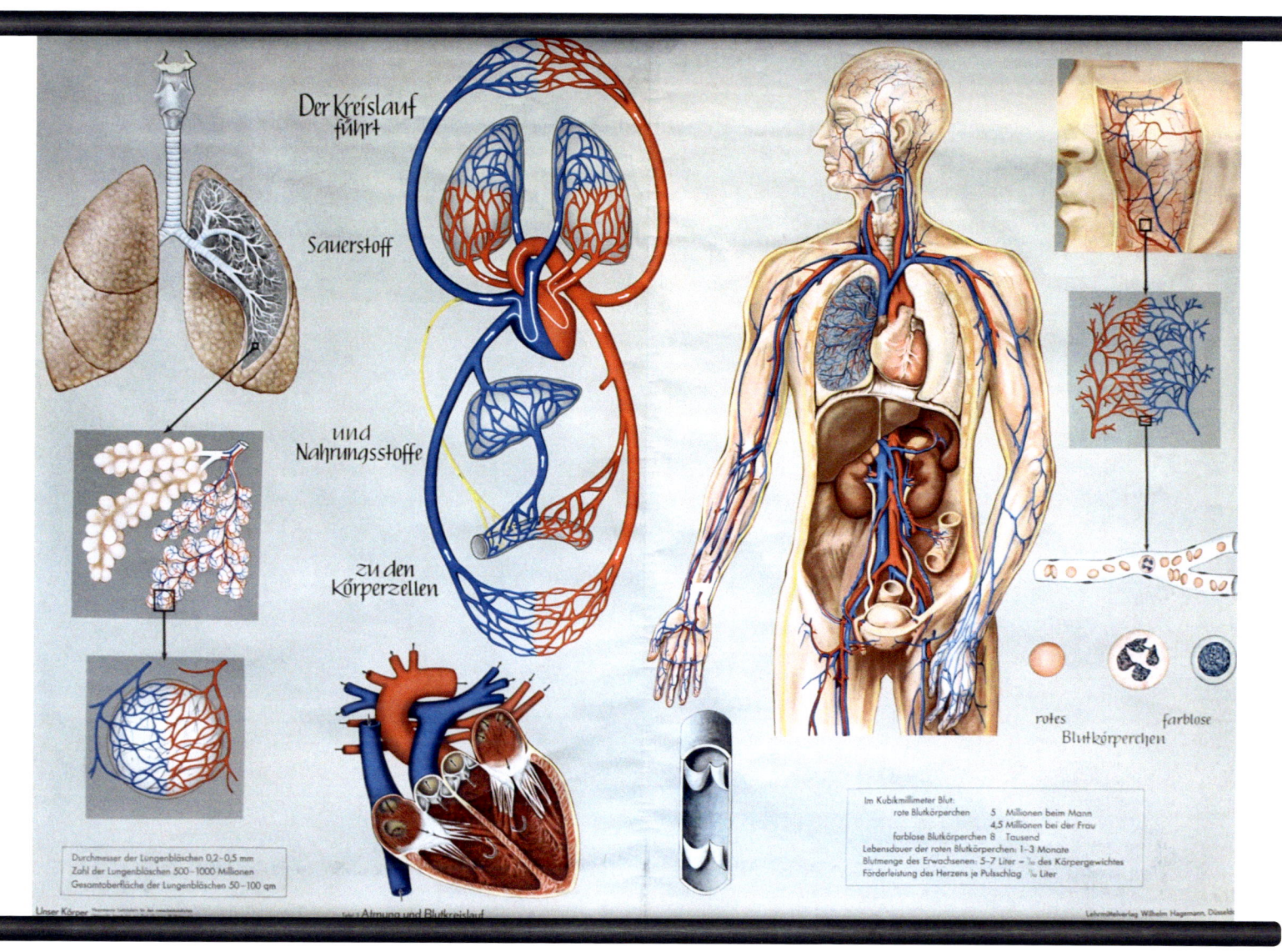

Der Kreislauf
führt

Sauerstoff

und
Nahrungsstoffe

zu den
Körperzellen

rotes
Blutkörperchen

farblose
Blutkörperchen

Durchmesser der Lungenbläschen 0,2–0,5 mm
Zahl der Lungenbläschen 500–1000 Millionen
Gesamtoberfläche der Lungenbläschen 50–100 qm

Im Kubikmillimeter Blut:
rote Blutkörperchen   5   Millionen beim Mann
                       4,5 Millionen bei der Frau
farblose Blutkörperchen 8 Tausend
Lebensdauer der roten Blutkörperchen: 1–3 Monate
Blutmenge des Erwachsenen: 5–7 Liter = ¹⁄₁₃ des Körpergewichtes
Förderleistung des Herzens je Pulsschlag ¹⁄₁₆ Liter

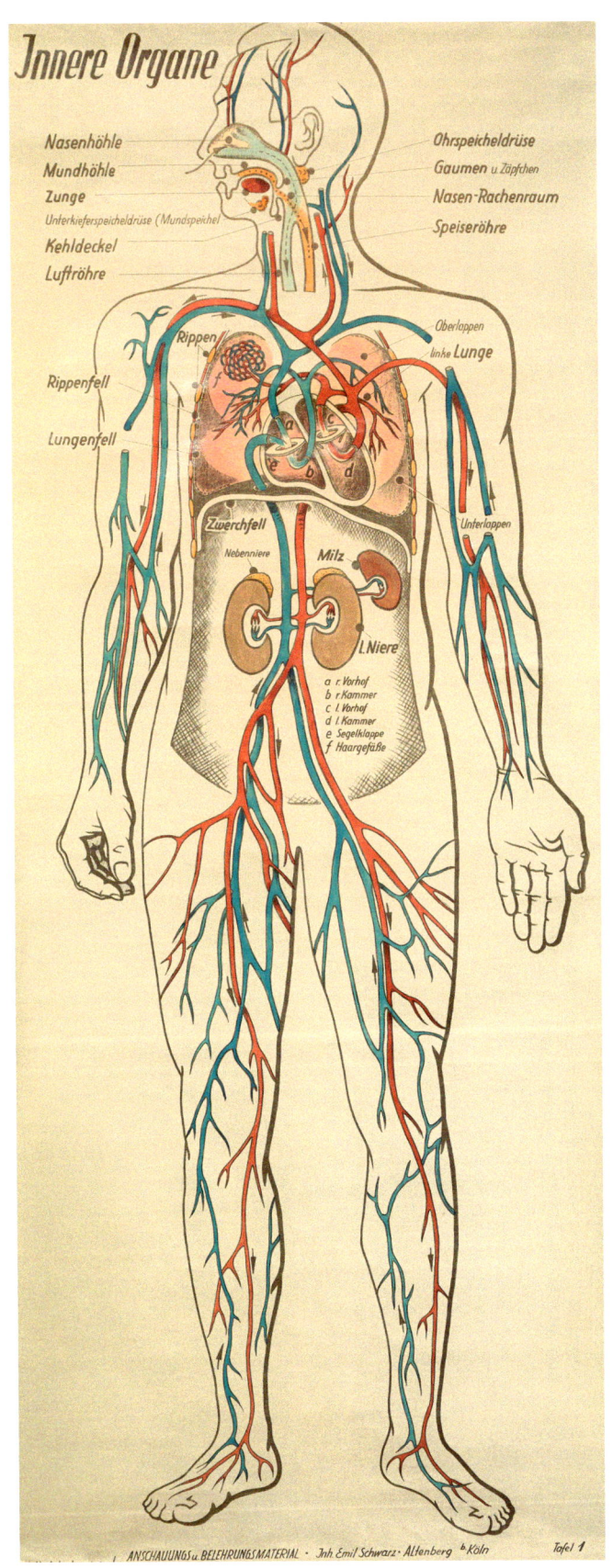

Innere Organe

Nasenhöhle
Mundhöhle
Zunge
Unterkieferspeicheldrüse (Mundspeichel)
Kehldeckel
Luftröhre

Ohrspeicheldrüse
Gaumen u. Zäpfchen
Nasen-Rachenraum
Speiseröhre

Rippen
Rippenfell
Lungenfell

Oberlappen
linke Lunge

Zwerchfell
Nebenniere
Milz
l. Niere

Unterlappen

a r. Vorhof
b r. Kammer
c l. Vorhof
d l. Kammer
e Segelklappe
f Haargefäße

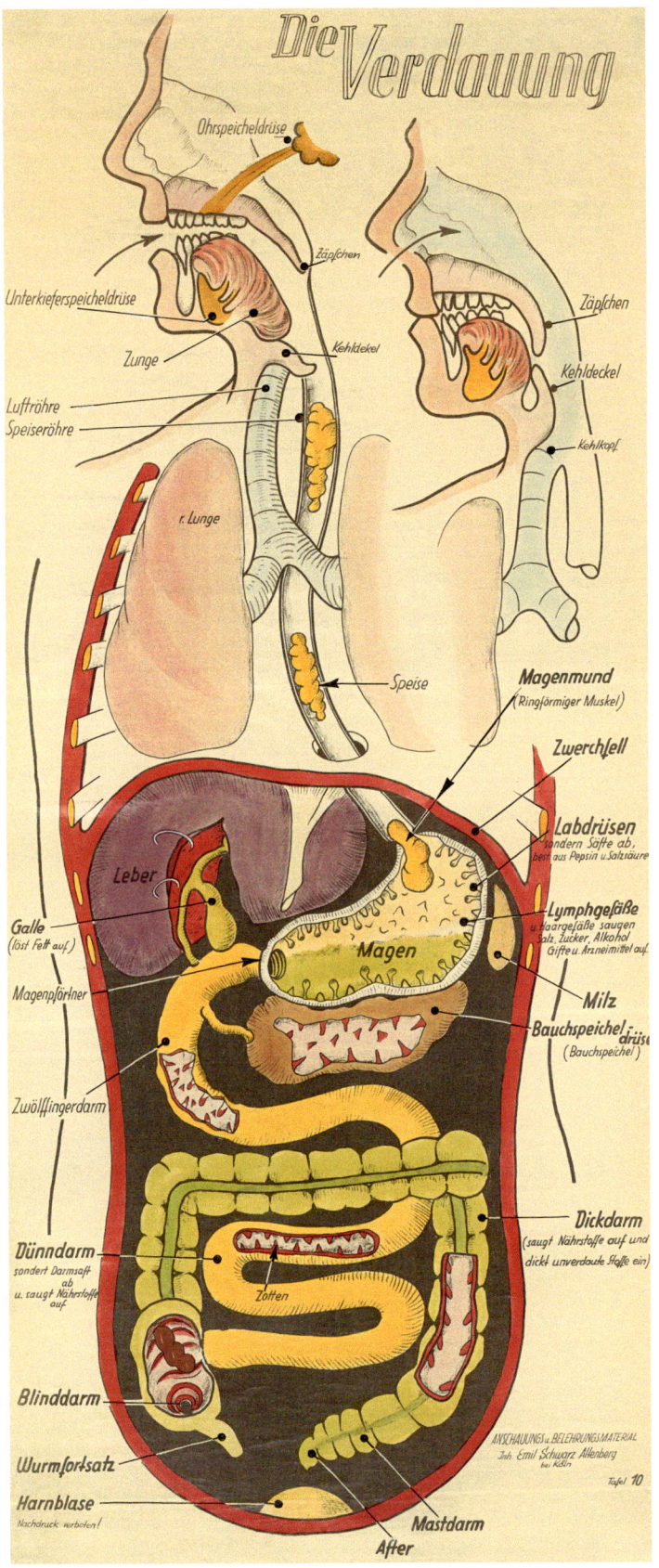

Die Verdauung

Ohrspeicheldrüse

Unterkieferspeicheldrüse
Zunge
Luftröhre
Speiseröhre

Zäpfchen
Kehldekel

Zäpfchen
Kehldeckel
Kehlkopf

r. Lunge

Speise

Magenmund
(Ringförmiger Muskel)

Zwerchfell

Labdrüsen
sondern Säfte ab,
best. aus Pepsin u. Salzsäure

Leber

Galle
(löst Fett auf)

Magenpförtner

Zwölffingerdarm

Lymphgefäße
u. Haargefäße saugen
Salz, Zucker, Alkohol
Gifte u. Arzneimittel auf.

Magen

Milz

Bauchspeicheldrüse
(Bauchspeichel)

Dünndarm
sondert Darmsaft
ab
u. saugt Nährstoffe
auf

Zotten

Dickdarm
(saugt Nährstoffe auf und
dickt unverdaute Stoffe ein)

Blinddarm

Wurmfortsatz

Harnblase
Nachdruck verboten!

Mastdarm
After

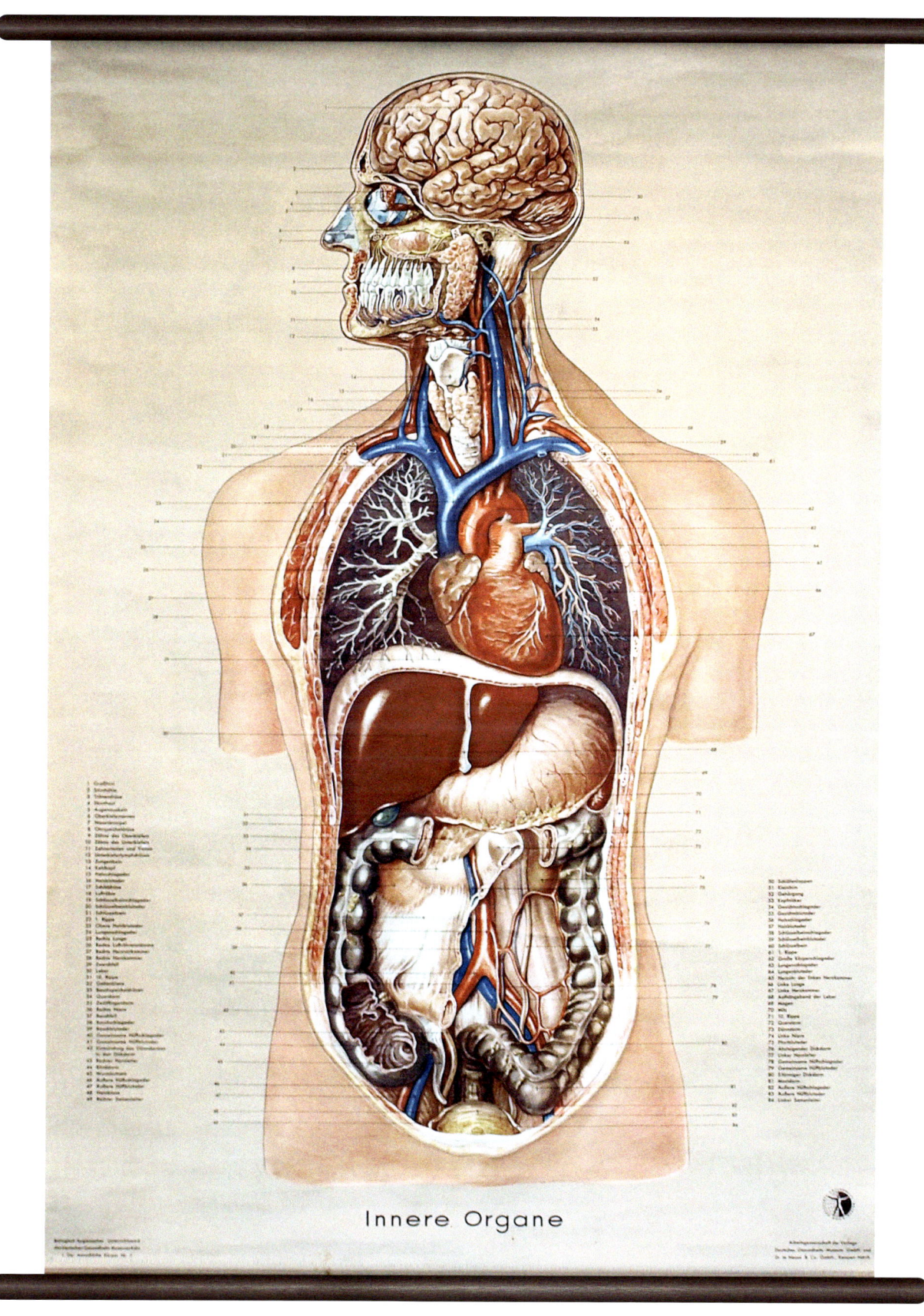

Innere Organe

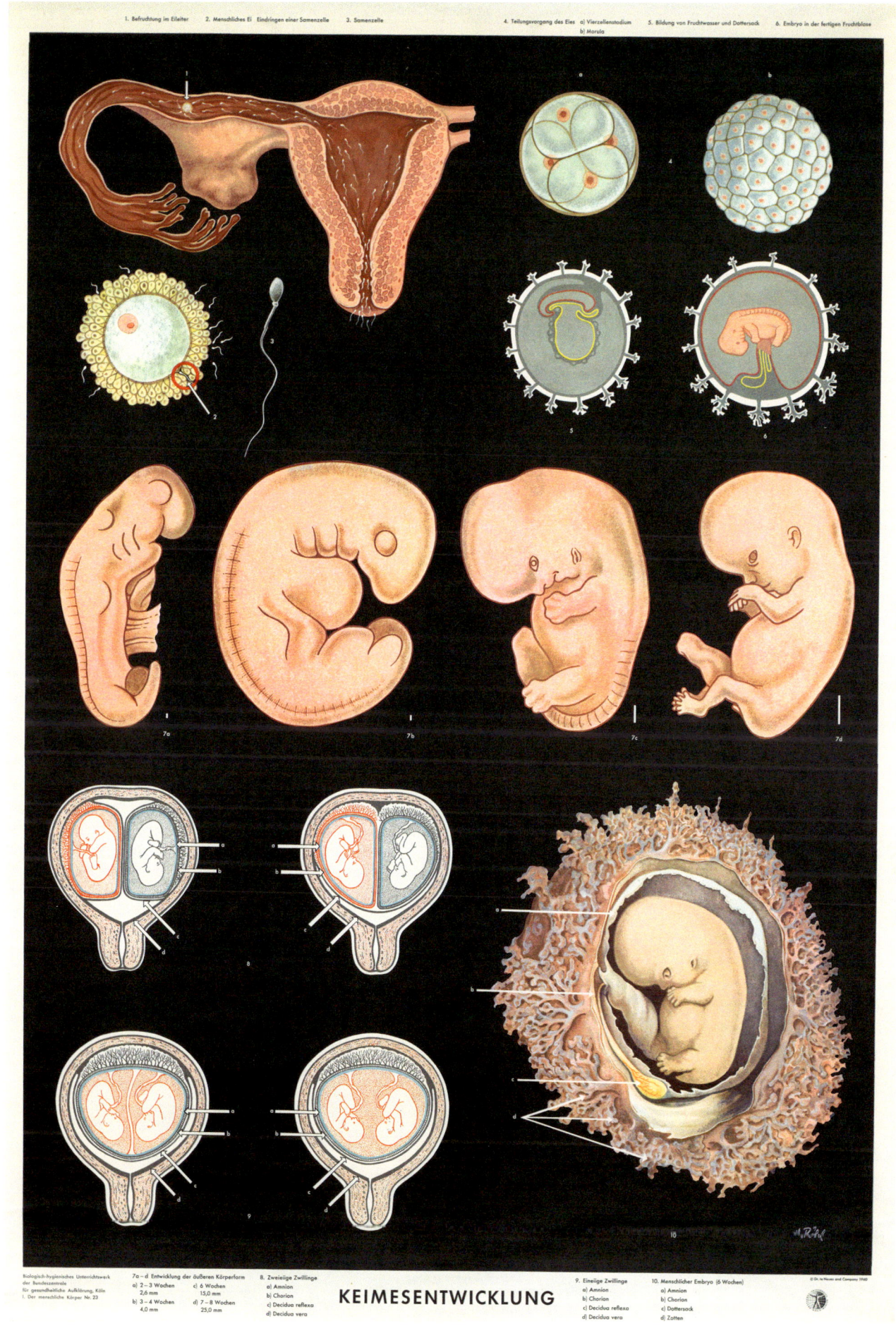

Biologisch-hygienisches Unterrichtswerk   7a–d Entwicklung der äußeren Körperform   8. Zweieiige Zwillinge   9. Eineiige Zwillinge   10. Menschlicher Embryo (6 Wochen)
der Bundeszentrale   a) 2–3 Wochen   c) 6 Wochen   a) Amnion   a) Amnion   a) Amnion
für gesundheitliche Aufklärung, Köln   2,6 mm   15,0 mm   b) Chorion   b) Chorion   b) Chorion
I. Der menschliche Körper Nr. 23   b) 3–4 Wochen   d) 7–8 Wochen   c) Decidua reflexa   c) Decidua reflexa   c) Dottersack
                                                4,0 mm   25,0 mm   d) Decidua vera   d) Decidua vera   d) Zotten

KEIMESENTWICKLUNG

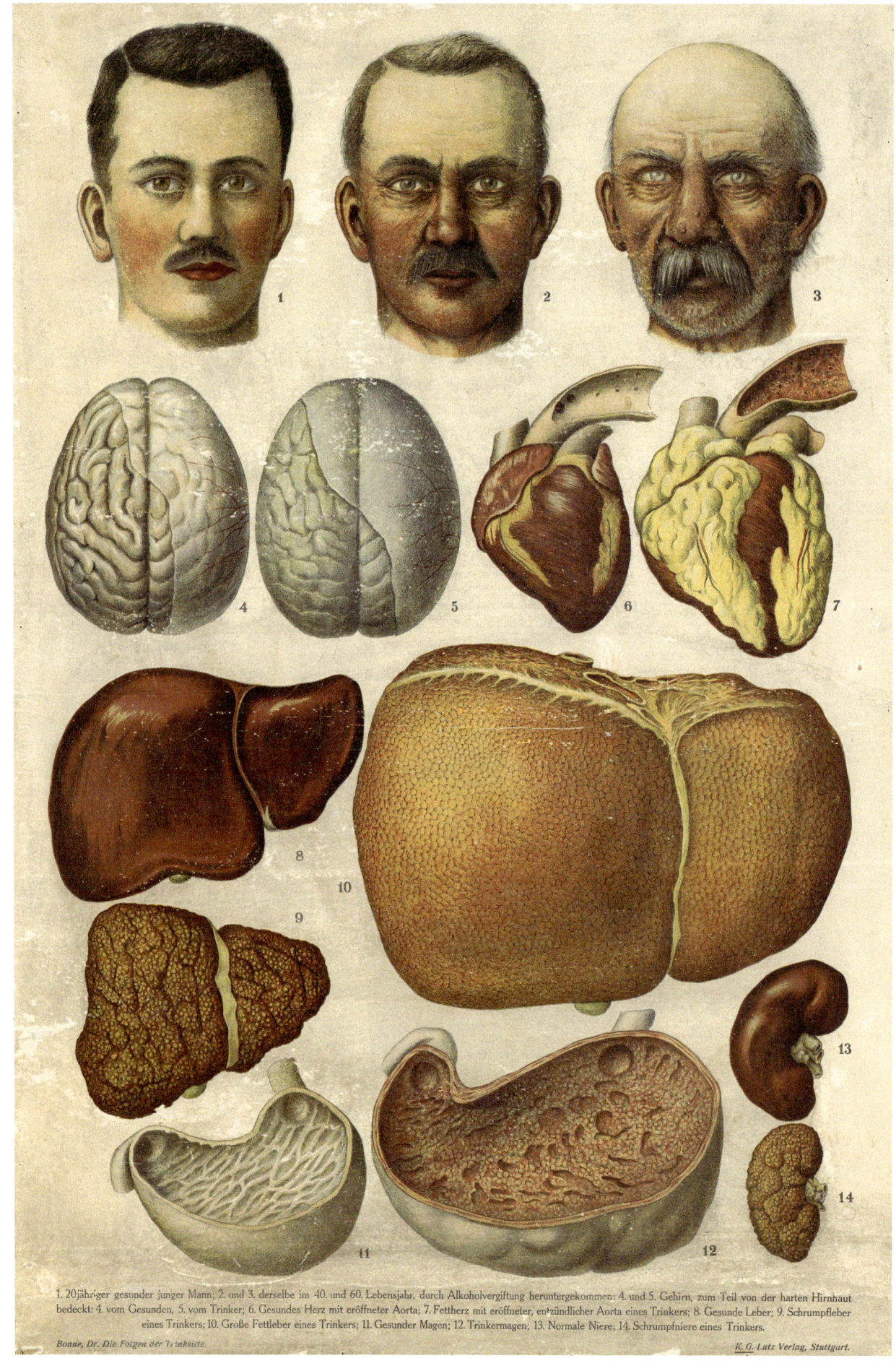

1. 20jähriger gesunder junger Mann; 2. und 3. derselbe im 40. und 60. Lebensjahr, durch Alkoholvergiftung heruntergekommen; 4. und 5. Gehirn, zum Teil von der harten Hirnhaut bedeckt: 4. vom Gesunden, 5. vom Trinker; 6. Gesundes Herz mit eröffneter Aorta; 7. Fettherz mit eröffneter, entzündlicher Aorta eines Trinkers; 8. Gesunde Leber; 9. Schrumpfleber eines Trinkers; 10. Große Fettleber eines Trinkers; 11. Gesunder Magen; 12. Trinkermagen; 13. Normale Niere; 14. Schrumpfniere eines Trinkers.

Bonne, Dr. Die Folgen der Trinksitte.

K. G. Lutz Verlag, Stuttgart.

F11

VOM ESSEN UND TRINKEN   LEBENSMITTEL

TIERISCHES EIWEISS

PFLANZLICHES EIWEISS

TIERISCHE FETTE

PFLANZLICHE FETTE

BLÄTTER   KNOLLEN   SAMEN   FRÜCHTE

KOHLENHYDRATE

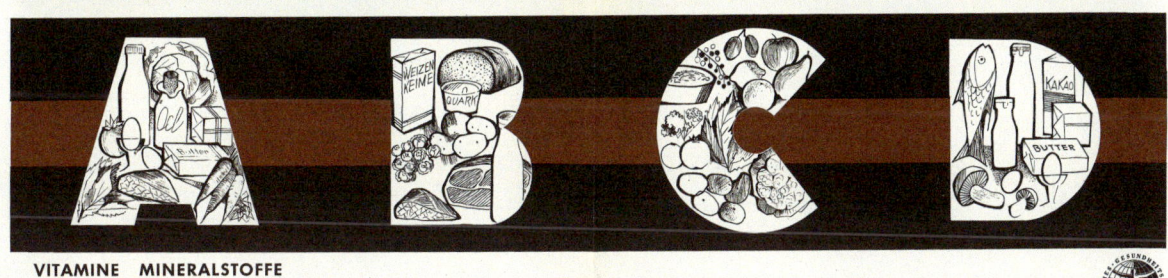

VITAMINE MINERALSTOFFE

Schaubogen Nr. 3
Informationen zur gesunden Lebensführung 2/63
bearbeitet vom Deutschen Gesundheitsmuseum, Köln-Merheim.

Die weiblichen Geschlechtsorgane

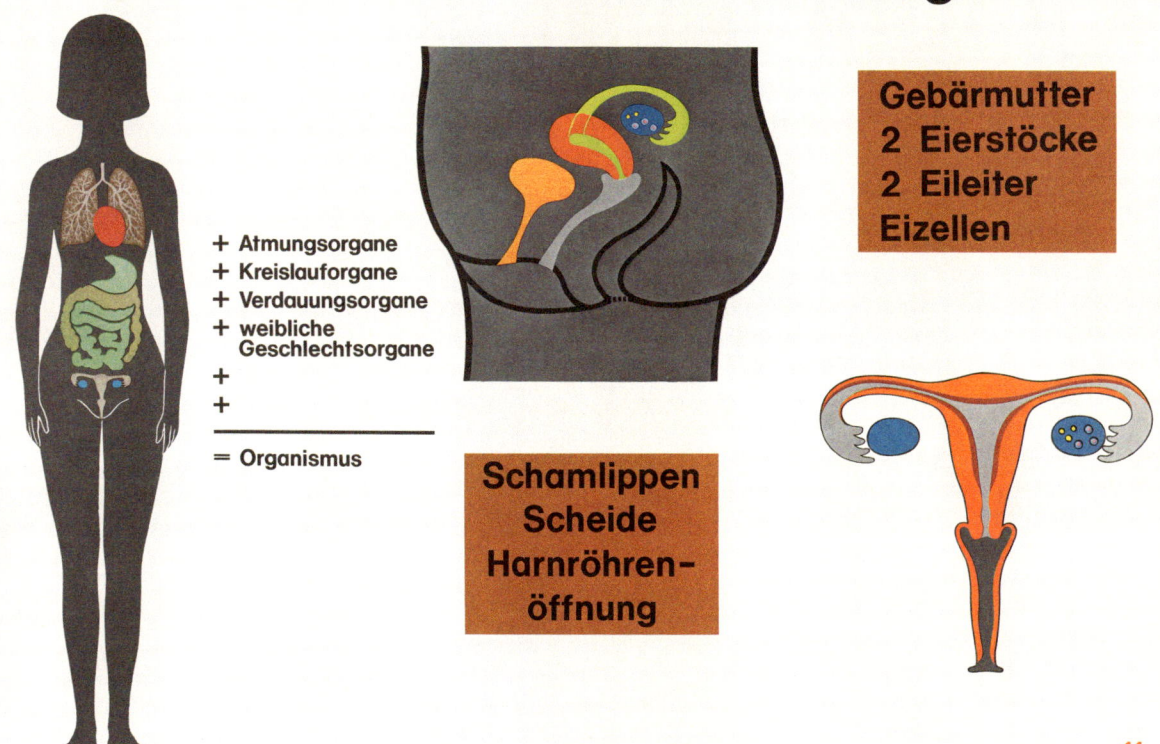

+ Atmungsorgane
+ Kreislauforgane
+ Verdauungsorgane
+ weibliche Geschlechtsorgane
+
+
_____
= Organismus

Gebärmutter
2 Eierstöcke
2 Eileiter
Eizellen

Schamlippen
Scheide
Harnröhren-öffnung

11

bestimmen ein Mädchen zur Frau und Mutter

Die männlichen Geschlechtsorgane

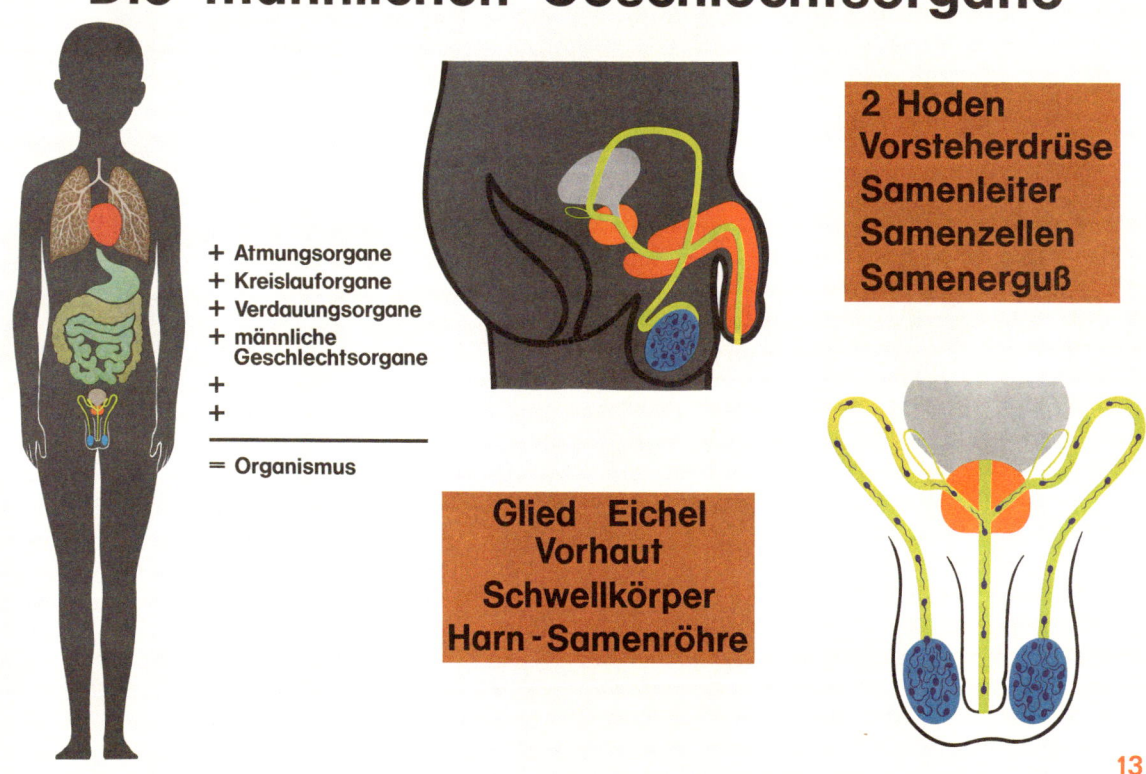

+ Atmungsorgane
+ Kreislauforgane
+ Verdauungsorgane
+ männliche Geschlechtsorgane
+
+
_____
= Organismus

2 Hoden
Vorsteherdrüse
Samenleiter
Samenzellen
Samenerguß

Glied Eichel
Vorhaut
Schwellkörper
Harn-Samenröhre

13

bestimmen einen Jungen zum Mann und Vater

Wir sind eine Familie

**Eltern
Tochter
Sohn
Geschwister**

Vater

Ich bin
der Peter

Mutter

Ich bin
die Evi

Wir gehören zusammen

1

F15

165

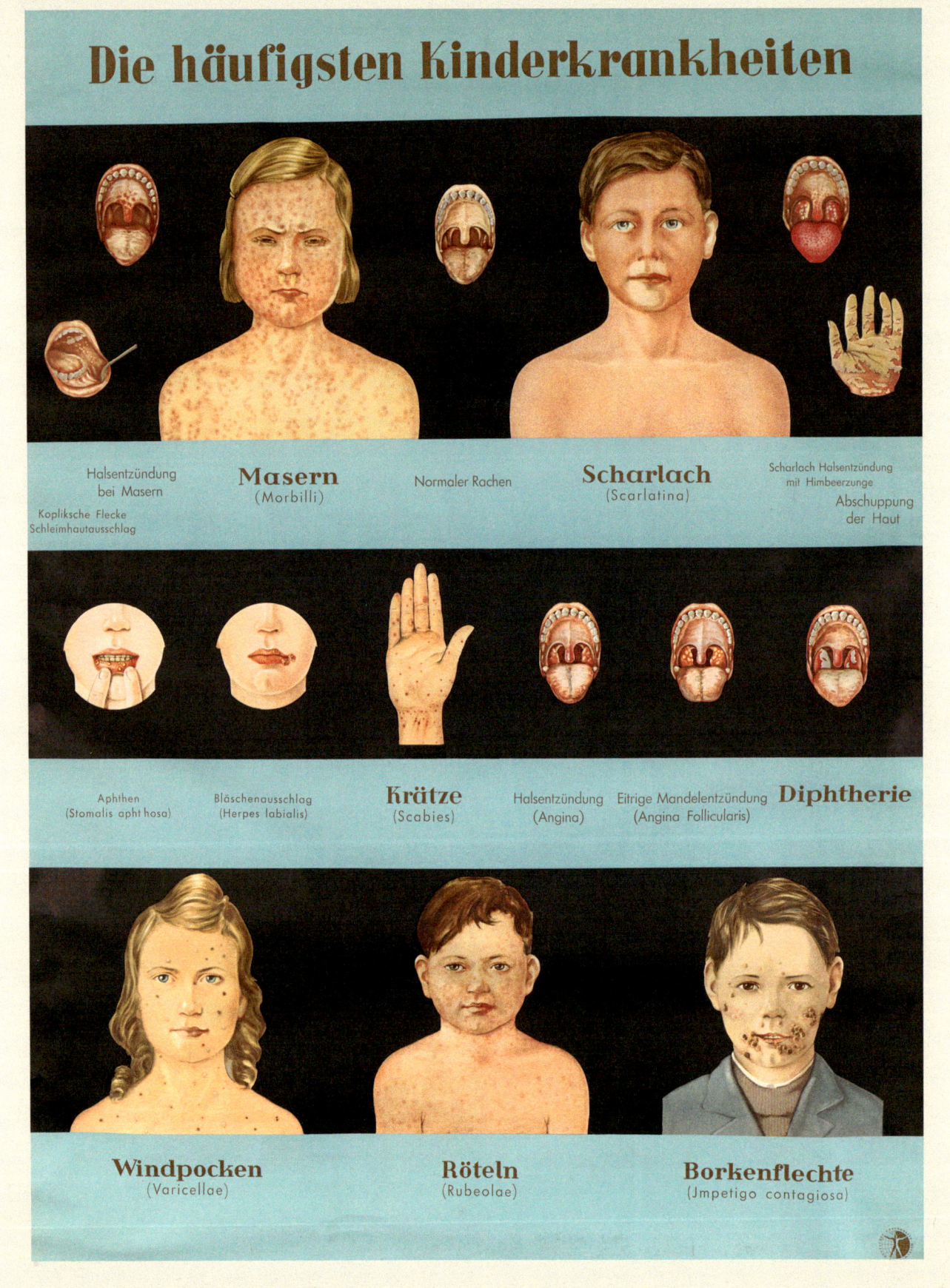

Die häufigsten Kinderkrankheiten

Halsentzündung
bei Masern

Masern
(Morbilli)

Normaler Rachen

Scharlach
(Scarlatina)

Scharlach Halsentzündung
mit Himbeerzunge

Koplicksche Flecke
Schleimhautausschlag

Abschuppung
der Haut

Aphthen
(Stomalis apht hosa)

Bläschenausschlag
(Herpes labialis)

Krätze
(Scabies)

Halsentzündung
(Angina)

Eitrige Mandelentzündung
(Angina Follicularis)

Diphtherie

Windpocken
(Varicellae)

Röteln
(Rubeolae)

Borkenflechte
(Jmpetigo contagiosa)

HALTUNG UND LEISTUNG

FUSSFORMEN UND FUSSFEHLER

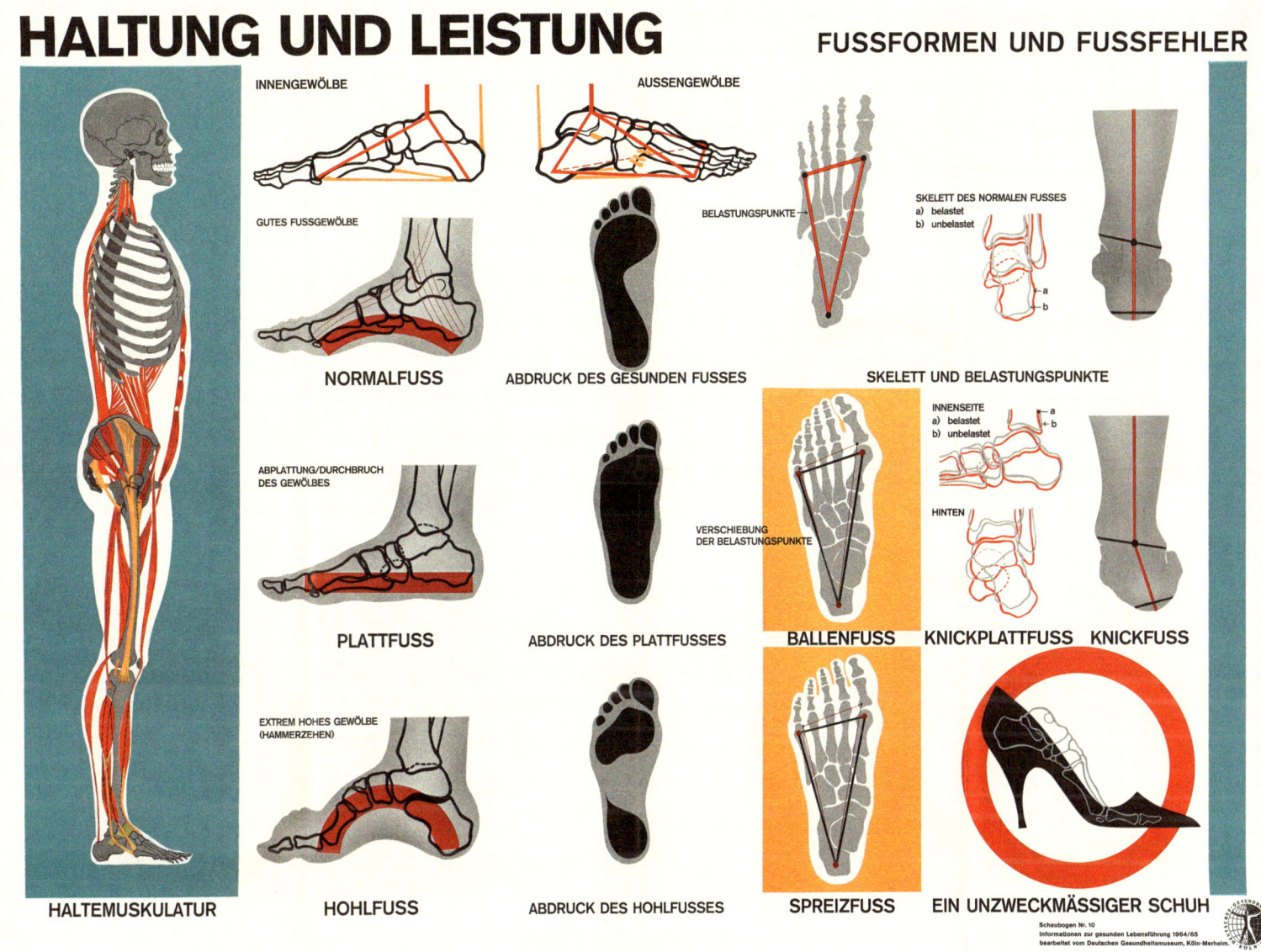

INNENGEWÖLBE

AUSSENGEWÖLBE

GUTES FUSSGEWÖLBE

BELASTUNGSPUNKTE

SKELETT DES NORMALEN FUSSES
a) belastet
b) unbelastet

NORMALFUSS

ABDRUCK DES GESUNDEN FUSSES

SKELETT UND BELASTUNGSPUNKTE

ABPLATTUNG/DURCHBRUCH
DES GEWÖLBES

INNENSEITE
a) belastet
b) unbelastet

HINTEN

VERSCHIEBUNG
DER BELASTUNGSPUNKTE

PLATTFUSS

ABDRUCK DES PLATTFUSSES

BALLENFUSS   **KNICKPLATTFUSS   KNICKFUSS**

EXTREM HOHES GEWÖLBE
(HAMMERZEHEN)

HALTEMUSKULATUR

HOHLFUSS

ABDRUCK DES HOHLFUSSES

SPREIZFUSS   **EIN UNZWECKMÄSSIGER SCHUH**

Schaubogen Nr. 10
Informationen zur gesunden Lebensführung 1964/65
bearbeitet vom Deutschen Gesundheitsmuseum, Köln-Merheim.

Künstliche Beatmung

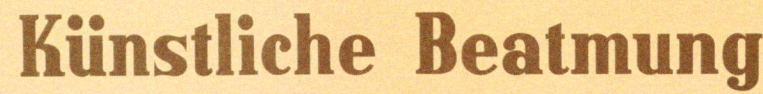

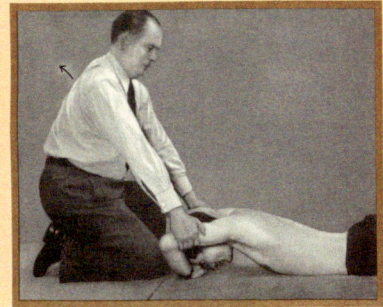

Zähle 21!

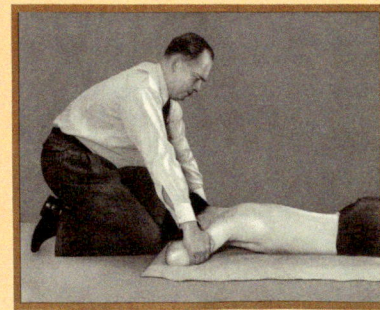

Zähle 22!

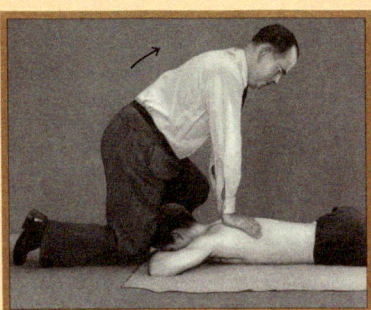

Zähle 23!

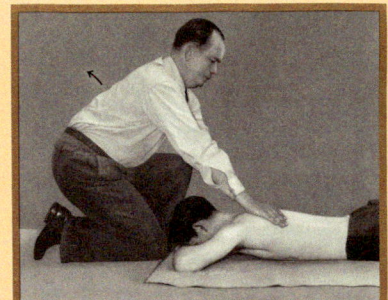

Zähle 24!

In Bauchlage - nach Holger-Nielsen

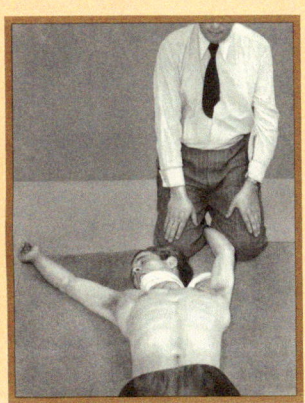

Ausgangsstellung

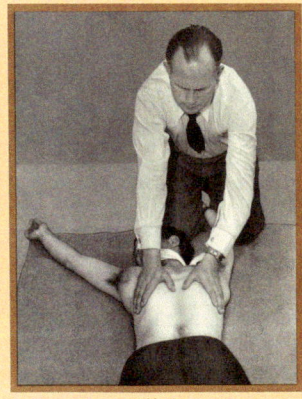

Zähle 21!

In Rückenlage - nach Thomsen

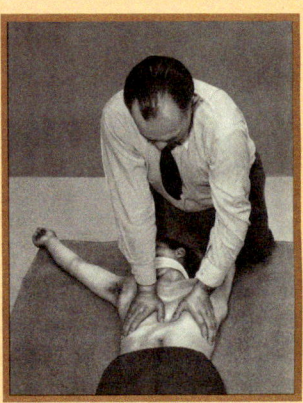

Zähle 22!

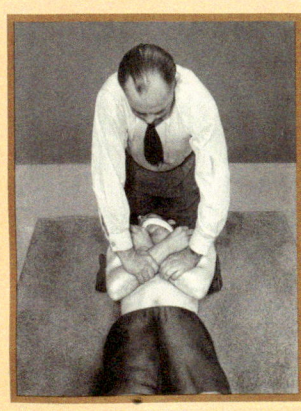

Zähle 21!

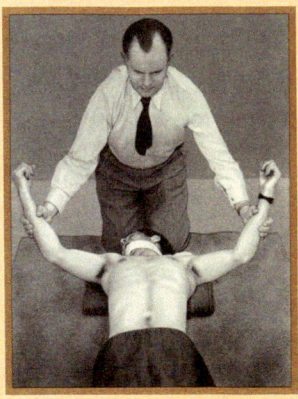

Zähle 22!

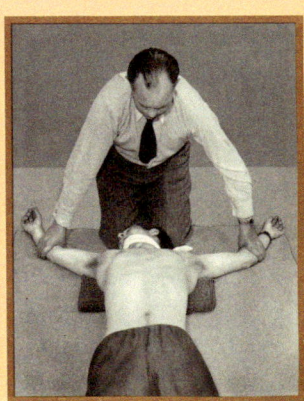

In Rückenlage - nach Silvester

Erste Hilfe bei Unglücksfällen Nr. 6
Herausgegeben vom Deutschen Gesundheits-Museum Köln in Verbindung mit dem Generalsekretariat des Deutschen Roten Kreuzes, Bonn.

Arbeitsgemeinschaft der Verlage
Deutsches Gesundheits-Museum GmbH. und
Dr. te Neues & Co. GmbH., Kempen-Nirsch.

F18

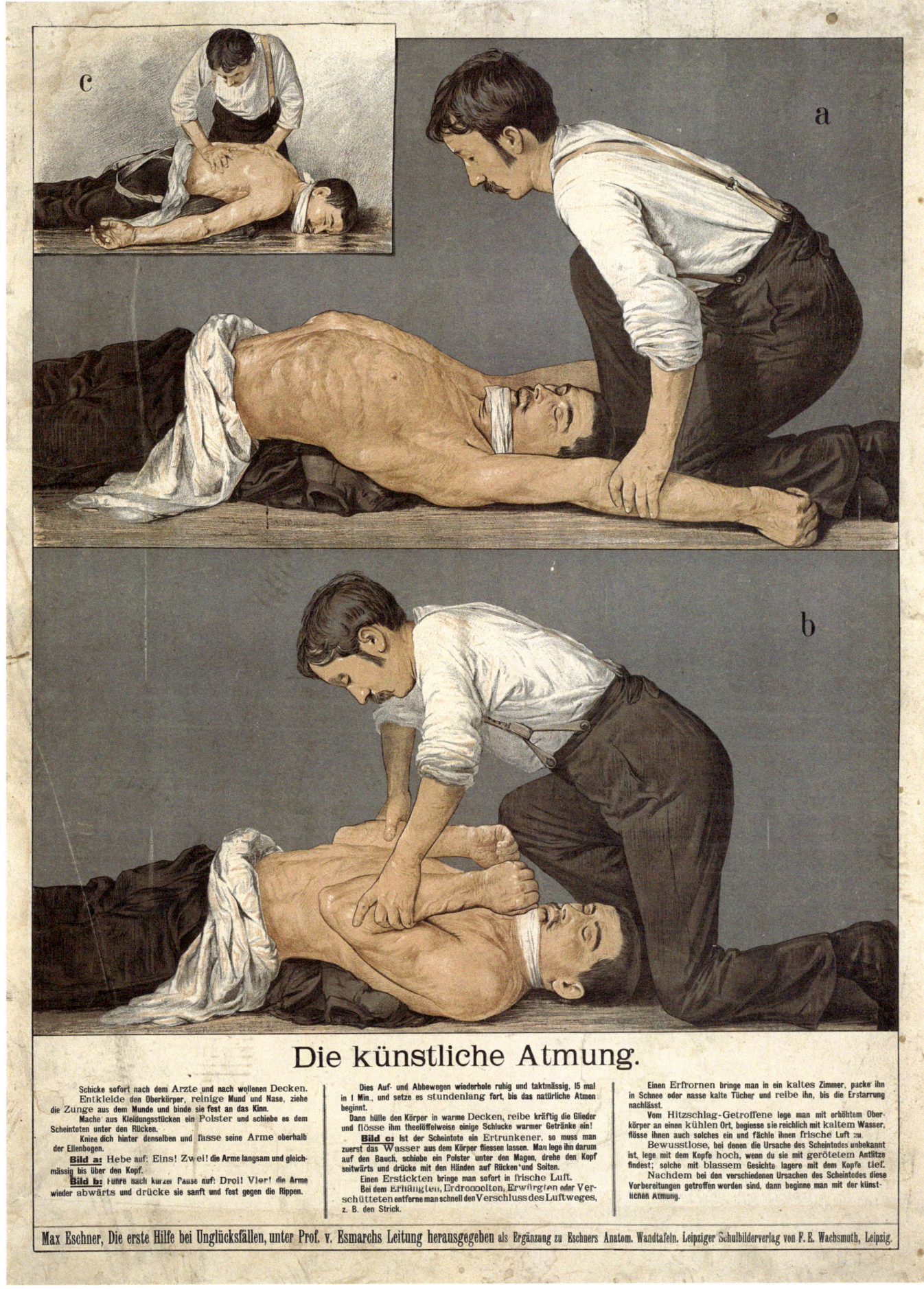

Die künstliche Atmung.

Schicke sofort nach dem Arzte und nach wollenen Decken.
Entkleide den Oberkörper, reinige Mund und Nase, ziehe die Zunge aus dem Munde und binde sie fest an das Kinn.

Mache aus Kleidungsstücken ein Polster und schiebe es dem Scheintoten unter den Rücken.

Kniee dich hinter denselben und fasse seine Arme oberhalb der Ellenbogen.

Bild a: Hebe auf: Eins! Zwei! die Arme langsam und gleichmässig bis über den Kopf.

Bild b: Führe nach kurzer Pause auf: Drei! Vier! die Arme wieder abwärts und drücke sie sanft und fest gegen die Rippen.

Dies Auf- und Abbewegen wiederhole ruhig und taktmässig, 15 mal in 1 Min., und setze es stundenlang fort, bis das natürliche Atmen beginnt.

Dann hülle den Körper in warme Decken, reibe kräftig die Glieder und flösse ihm theelöffelweise einige Schlucke warmer Getränke ein!

Bild c: Ist der Scheintote ein Ertrunkener, so muss man zuerst das Wasser aus dem Körper fliessen lassen. Man lege ihn darum auf den Bauch, schiebe ein Polster unter den Magen, drehe den Kopf seitwärts und drücke mit den Händen auf Rücken und Seiten.

Einen Erstickten bringe man sofort in frische Luft.

Bei dem Erhängten, Erdrosselten, Erwürgten oder Verschütteten entferne man schnell den Verschluss des Luftweges, z. B. den Strick.

Einen Erfrornen bringe man in ein kaltes Zimmer, packe ihn in Schnee oder nasse kalte Tücher und reibe ihn, bis die Erstarrung nachlässt.

Vom Hitzschlag-Getroffene lege man mit erhöhtem Oberkörper an einen kühlen Ort, begiesse sie reichlich mit kaltem Wasser, flösse ihnen auch solches ein und fäche ihnen frische Luft zu.

Bewusstlose, bei denen die Ursache des Scheintodes unbekannt ist, lege mit dem Kopfe hoch, wenn du sie mit gerötetem Antlitze findest; solche mit blassem Gesichte lagere mit dem Kopfe tief.

Nachdem bei den verschiedenen Ursachen des Scheintodes diese Vorbereitungen getroffen worden sind, dann beginne man mit der künstlichen Atmung.

Max Eschner, Die erste Hilfe bei Unglücksfällen, unter Prof. v. Esmarchs Leitung herausgegeben als Ergänzung zu Eschners Anatom. Wandtafeln. Leipziger Schulbilderverlag von F. E. Wachsmuth, Leipzig.

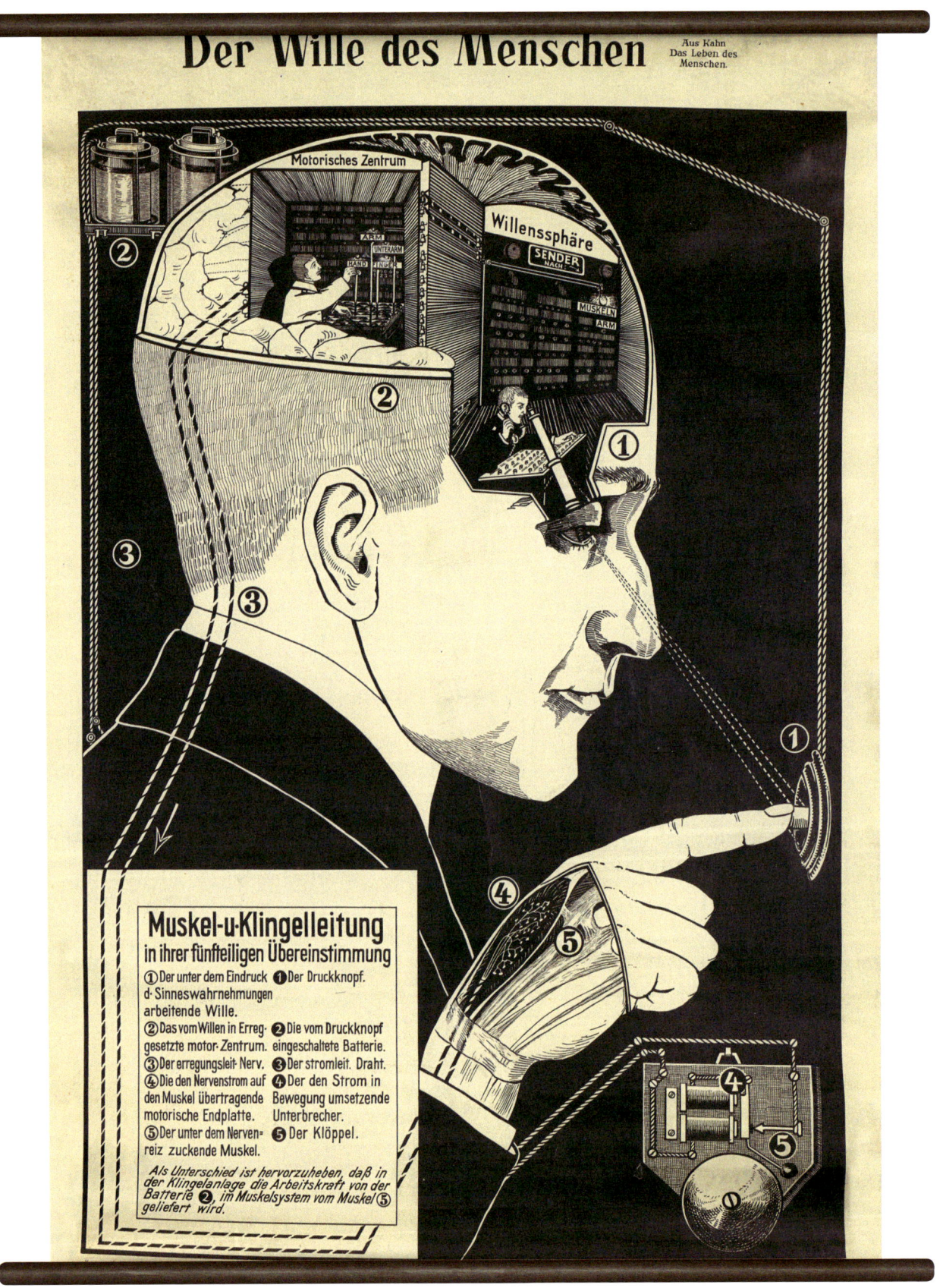

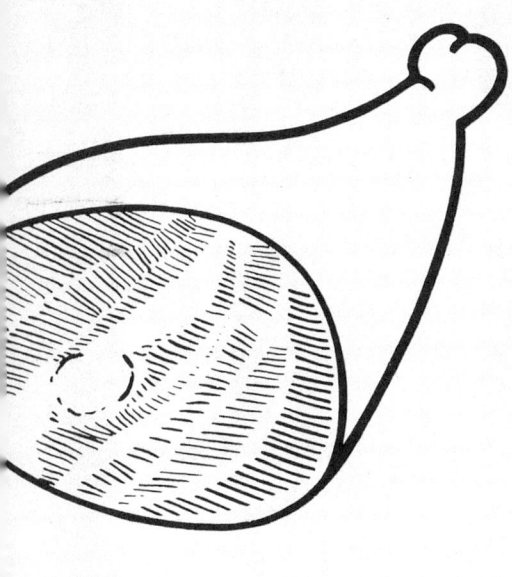

Schinken

r Fisch

r Käse

Uhr geht gut.

Wir kau

e eine keine

keine

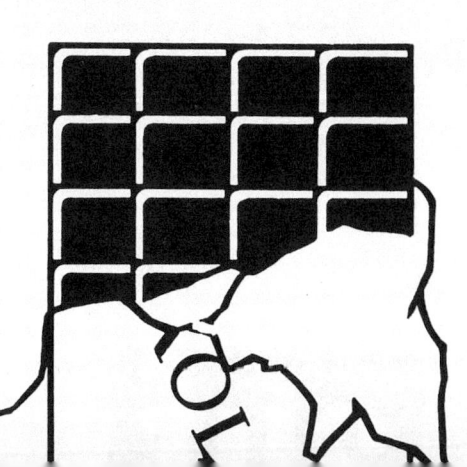

Erster Anschauungsunterricht,
Deutsch, Lesen und Schreiben,
Literaturgeschichte,
Religionsunterricht,
Sprachunterricht

Sprache, Kultur und Religion

→ Serientitel: Wachsmuth, Märchenbilder;
Wachsmuth, Fabelbilder; Lehmann, Neue
Wandbilder zu W. Heys Fabeln; Kehr – Pfeiffer –
Kull, Bilder für den Anschauungsunterricht
aus den Hey-Speckterschen Fabeln;
Schnorr v. Carolsfeld, Bilder aus der Biblischen
Geschichte für den Anschauungsunterricht,
Altes Testament; Westermann, Alphabettafeln;
Deutsch für Ausländer. Schautafeln zum
Anfängerunterricht; Koch, Fingerlesen –
Lesen als Gebärdenspiel

Für die kulturelle Partizipation sind die Kulturtechniken des Lesens und Schreibens maßgeblich. Dem Schriftspracherwerb widmeten sich im Erstleseunterricht u.a. die Alphabettafeln, die die amtlich vorgeschriebene Ausgangsschrift zeigten. Ein eigenes Verfahren zum Lesenlernen entwickelte der Pädagoge Franz Joseph Koch (1875–1947), der zu seiner Fingerlesemethode und den entsprechenden Tafeln erläuterte: »Kinder sehen gern Bilder, hören gern Geschichten und singen gern kleine Lieder, die von Handbewegungen begleitet werden. An diese Liebhabereien der frühen Jugend knüpft das vorliegende Leseverfahren an.« Was aber sollte gelesen werden? Zentrales Kulturgut für Kinder sind die Märchen und Fabeln. Schon früh setzte man sich für ihre unterrichtliche Behandlung ein, denn man erhoffte sich, dass die sittlichen Wahrheiten und Lehren positiv auf die kindliche Entwicklung Einfluss nehmen. Auffallend war vor allem die künstlerische Qualität jener Bilder. Derartig hohe ästhetische Kriterien wurden auch an die Schulwandbilder für den Religionsunterricht angelegt, da sie zugleich erhebend, belehrend und raumgestalterisch sein sollten. Zu den ältesten zählen die Drucke des Leipziger Wigand Verlags aus dem Jahre 1875, die nach den Werken des Nazarener Künstlers Julius Schnorr von Carolsfeld (1794–1872) entstanden und Szenen aus dem Alten und Neuen Testament veranschaulichten.

Detail
aus → G03

173

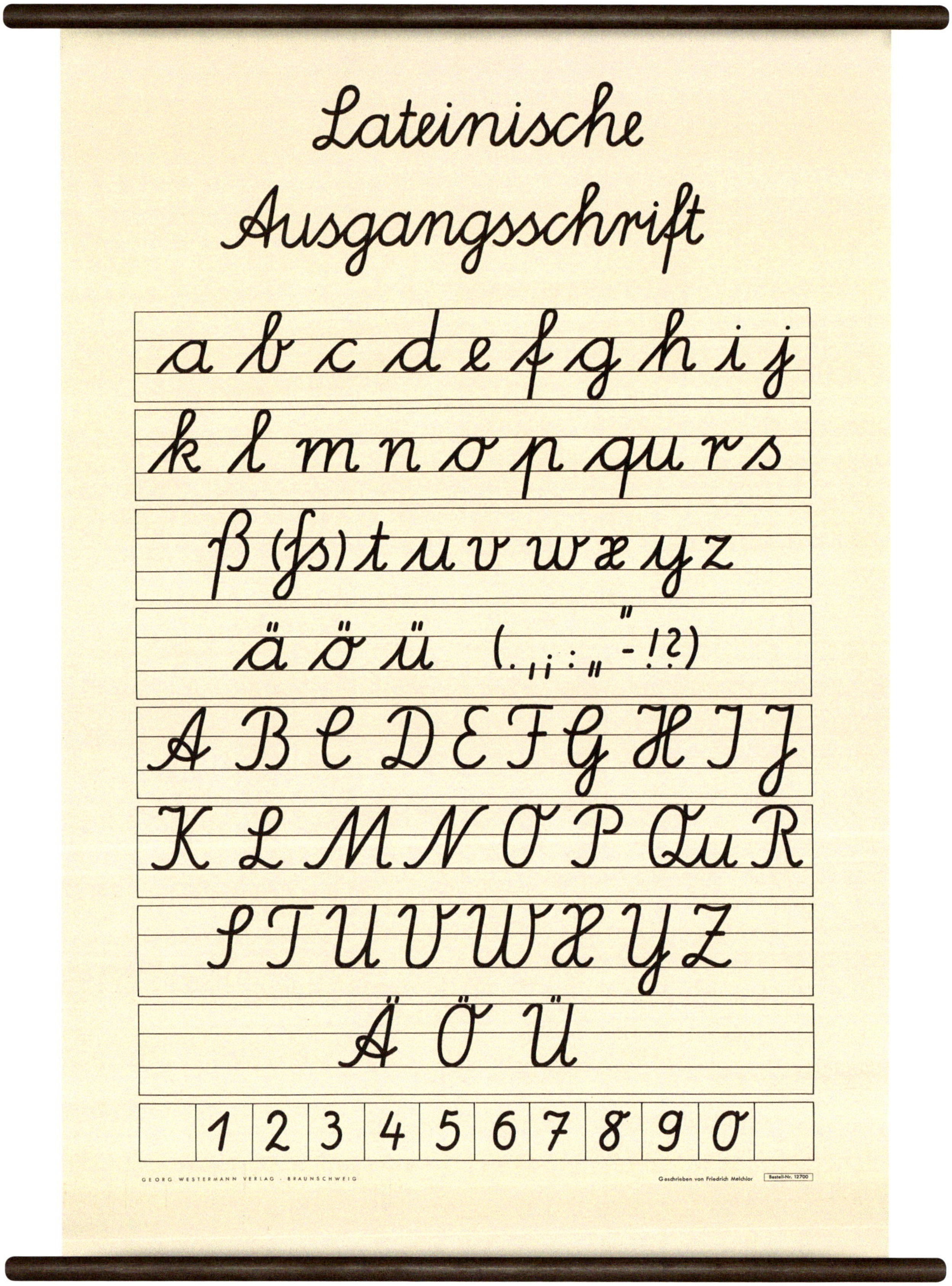

Lateinische Ausgangsschrift

a b c d e f g h i j

k l m n o p q u r s

ß (ſs) t u v w x y z

ä ö ü (. , ; : „ " - ! ?)

A B C D E F G H I J

K L M N O P Q u R

S T U V W X Y Z

Ä Ö Ü

1	2	3	4	5	6	7	8	9	0

GEORG WESTERMANN VERLAG · BRAUNSCHWEIG   Geschrieben von Friedrich Melchior   Bestell-Nr. 12700

Lateinische Ausgangsschrift

a b c d e f g h i
j k l m n o p q u r
s ß t u v w x y z
ä ö ü (.,;:"-!?)
A B C D E F G H I
J K L M N O P Qu
R S T U V W X Y Z
Ä Ö Ü
1 2 3 4 5 6 7 8 9 0

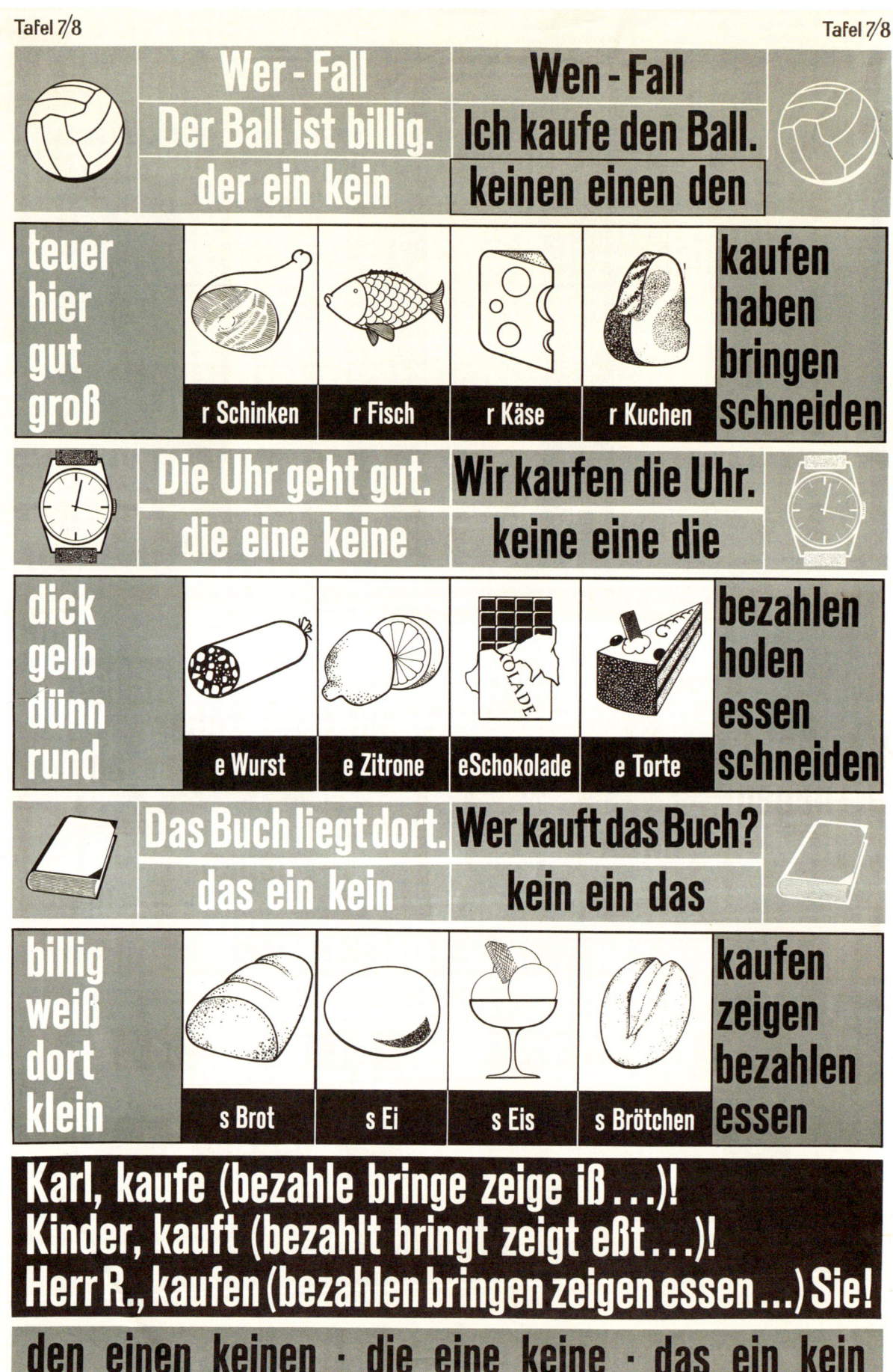

Wer - Fall
Der Ball ist billig.
der ein kein

Wen - Fall
Ich kaufe den Ball.
keinen einen den

teuer
hier
gut
groß

r Schinken · r Fisch · r Käse · r Kuchen

kaufen
haben
bringen
schneiden

Die Uhr geht gut.
die eine keine

Wir kaufen die Uhr.
keine eine die

dick
gelb
dünn
rund

e Wurst · e Zitrone · eSchokolade · e Torte

bezahlen
holen
essen
schneiden

Das Buch liegt dort.
das ein kein

Wer kauft das Buch?
kein ein das

billig
weiß
dort
klein

s Brot · s Ei · s Eis · s Brötchen

kaufen
zeigen
bezahlen
essen

Karl, kaufe (bezahle bringe zeige iß ...)!
Kinder, kauft (bezahlt bringt zeigt eßt ...)!
Herr R., kaufen (bezahlen bringen zeigen essen ...) Sie!

den einen keinen · die eine keine · das ein kein

Verlag für Sprachmethodik · Königswinter   Hermann Kessler, Deutsch für Ausländer, Schautafeln zum Anfängerunterricht, Tafel 8

G03

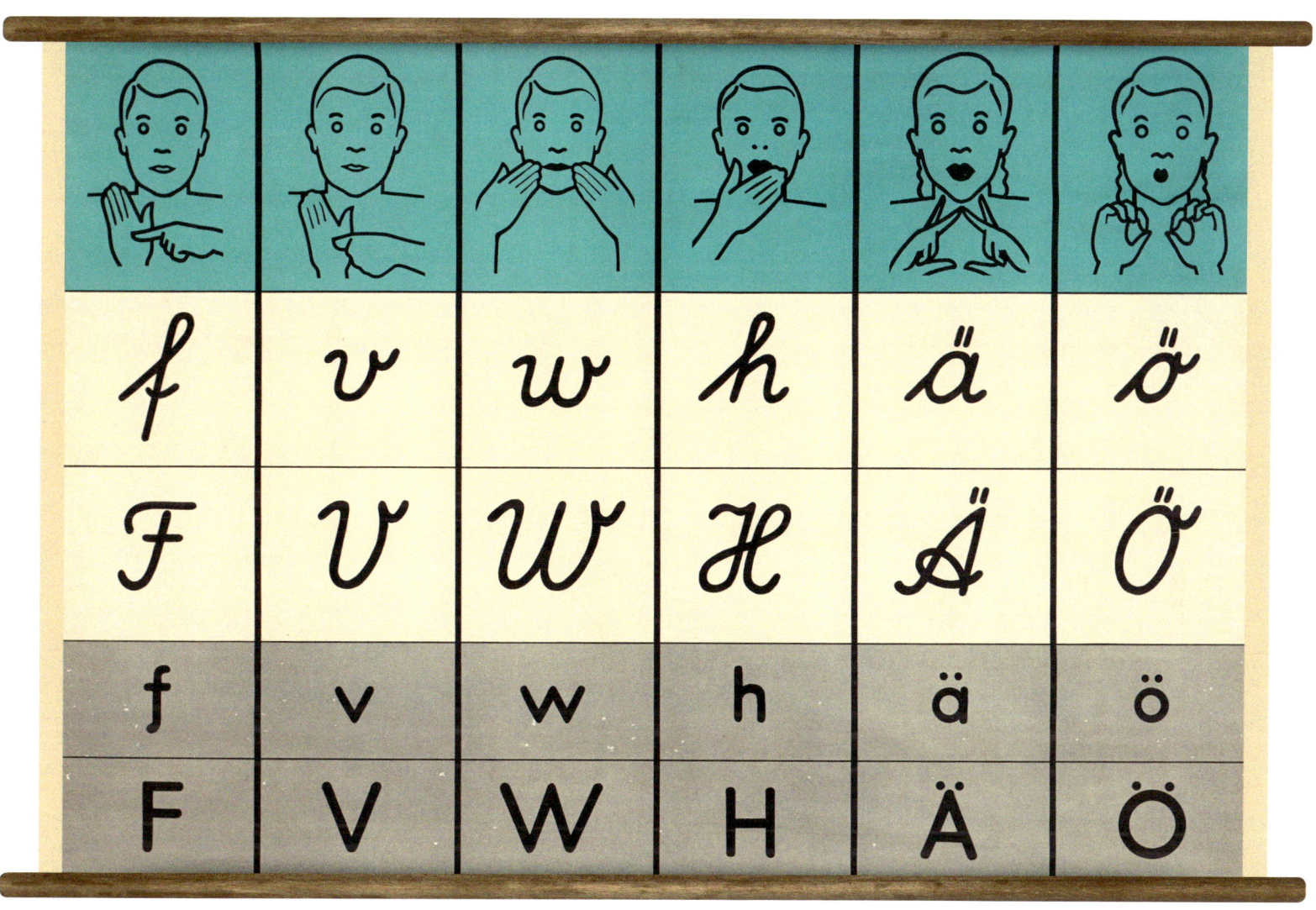

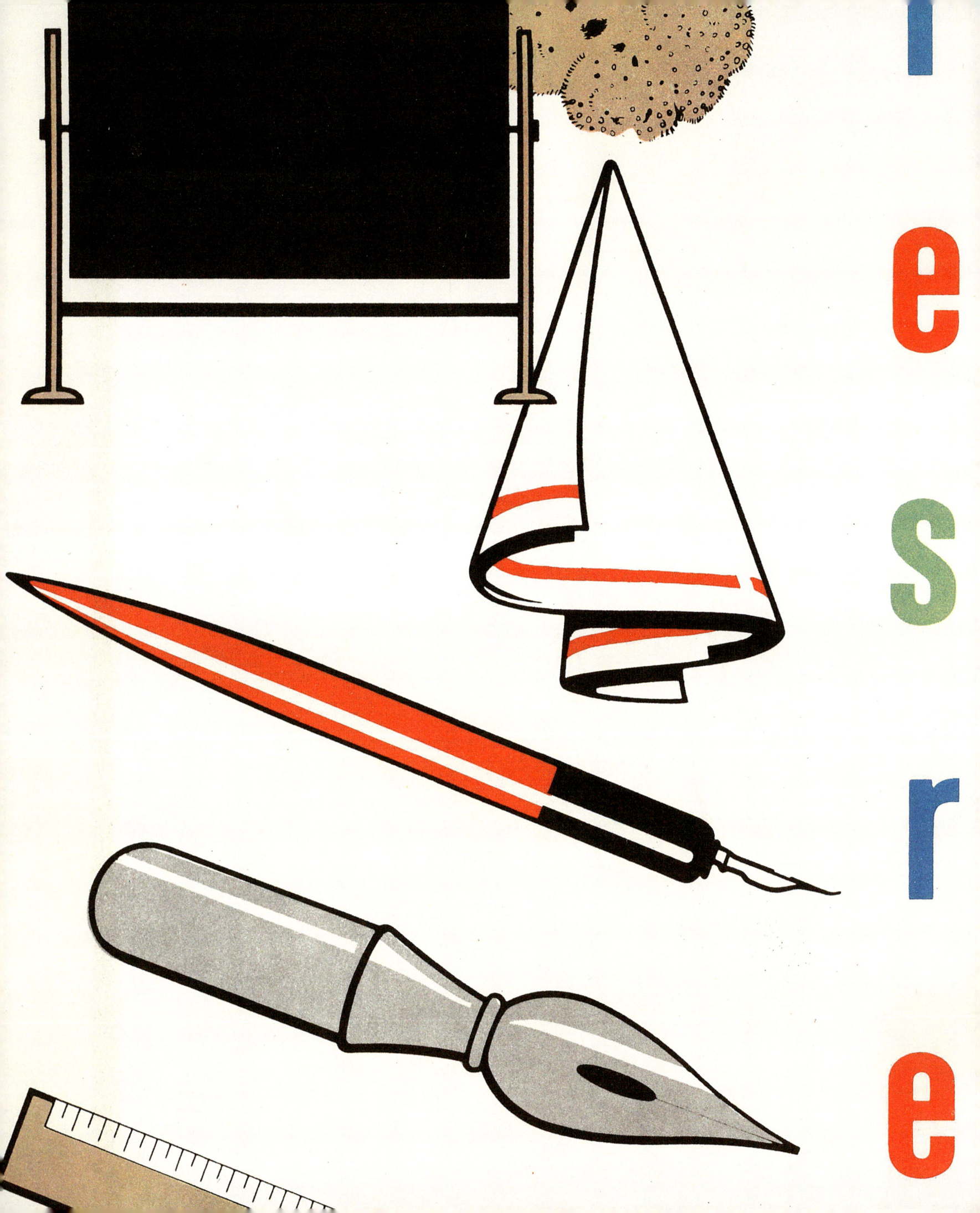

DER RABE UND DER FUCHS

Frau Holle
Nach einem Original von L. Martin

Ostsee

Zeittafel der Dichter und Denker

Bearbeitet von Harald Gyllstoff

VERLAG VON GEORG WIGAND, LEIPZIG.   № 1. Die Verstoſsung aus dem Paradies.   REPROD. VON RÖMMLER & JONAS DRESDEN

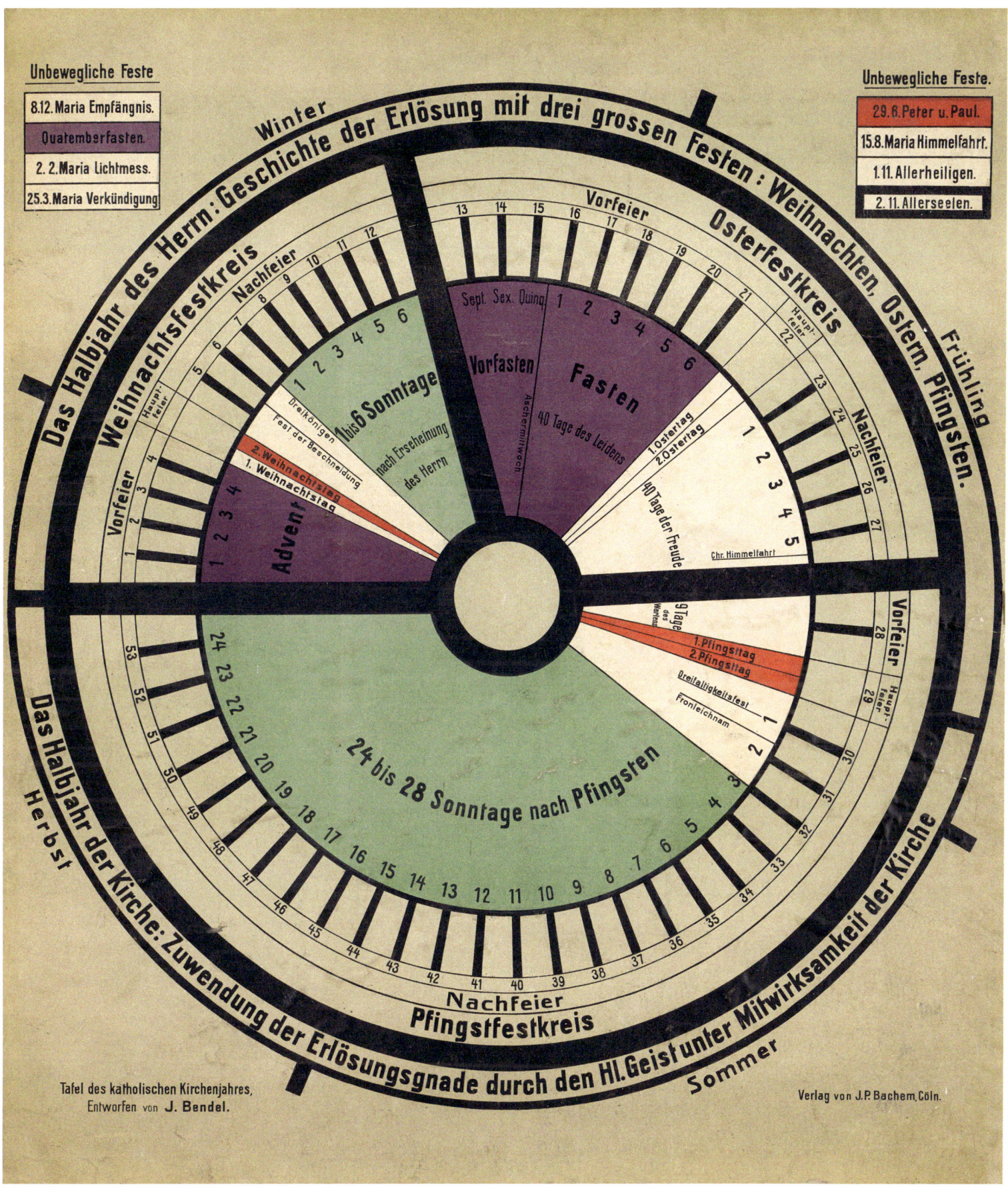

Tafel des katholischen Kirchenjahres,
Entworfen von J. Bendel.

Verlag von J.P. Bachem, Cöln.

Bürgerkunde,
Gemeinschaftskunde,
Geschichte,
Gegenwarts- und
Sozialkunde,
Sachunterricht

→ Serientitel: Tellus, Geschichtsfries;
Lohmeyer, Wandbilder für den
geschichtlichen Unterricht; Adolf
Lehmann's kulturgeschichtliche
Bilder; Wandzeitung Heimat und
Staat; Hagemann, Lebendige
Bürgerkunde; Schropp's Gegen-
wartskunde

Geschichte, Gesellschaft und Wirtschaft

Im Geschichtsunterricht wurden Schulwandbilder einerseits zur Illustration historischer Ereignisse eingesetzt: Hier waren es zumeist aussagekräftige Schlüsselszenen, die die Blicke der Schülerinnen und Schüler auf sich zogen. Teilweise wurden auch klassische Werke bedeutender Historienmaler reproduziert. Andererseits ging es um die Veranschaulichung von Phasen und Entwicklungen. Zu diesem Zweck brachte man Geschichtsfriese auf den Markt, die mit einem Zeitstrahl versehen durch die Jahrhunderte führten. Für die Thematisierung aktuellerer Ereignisse wurde später auf Wandzeitungen zurückgegriffen, die mit Textelementen und fotografischem Bildmaterial das Zeitgeschehen zusammenfassten. Dadurch konnte ein Bewusstsein für innen- und außenpolitisches Handeln gelegt werden; ergänzend setzten Tafeln zur Bürgerkunde direkt am Verständnis des Staates und seines Aufbaus an. Einen neuen Ansatz verfolgte bereits Mitte der 1950er Jahre die Schropp'sche Lehrmittelanstalt. Mit den Bildern zur Gegenwartskunde sollten sowohl die Sozial-, Staats- und Wirtschaftskunde als auch das Zeitgeschehen behandelt werden, zugleich setzte man in der Gestaltung auf die Mittel der modernen Gebrauchsgrafik.

Detail
aus →

189

RITTERBURG.
XIII. Jahrhundert.

Leipziger Schulbilderverlag von F. E. Wachsmuth, Leipzig.

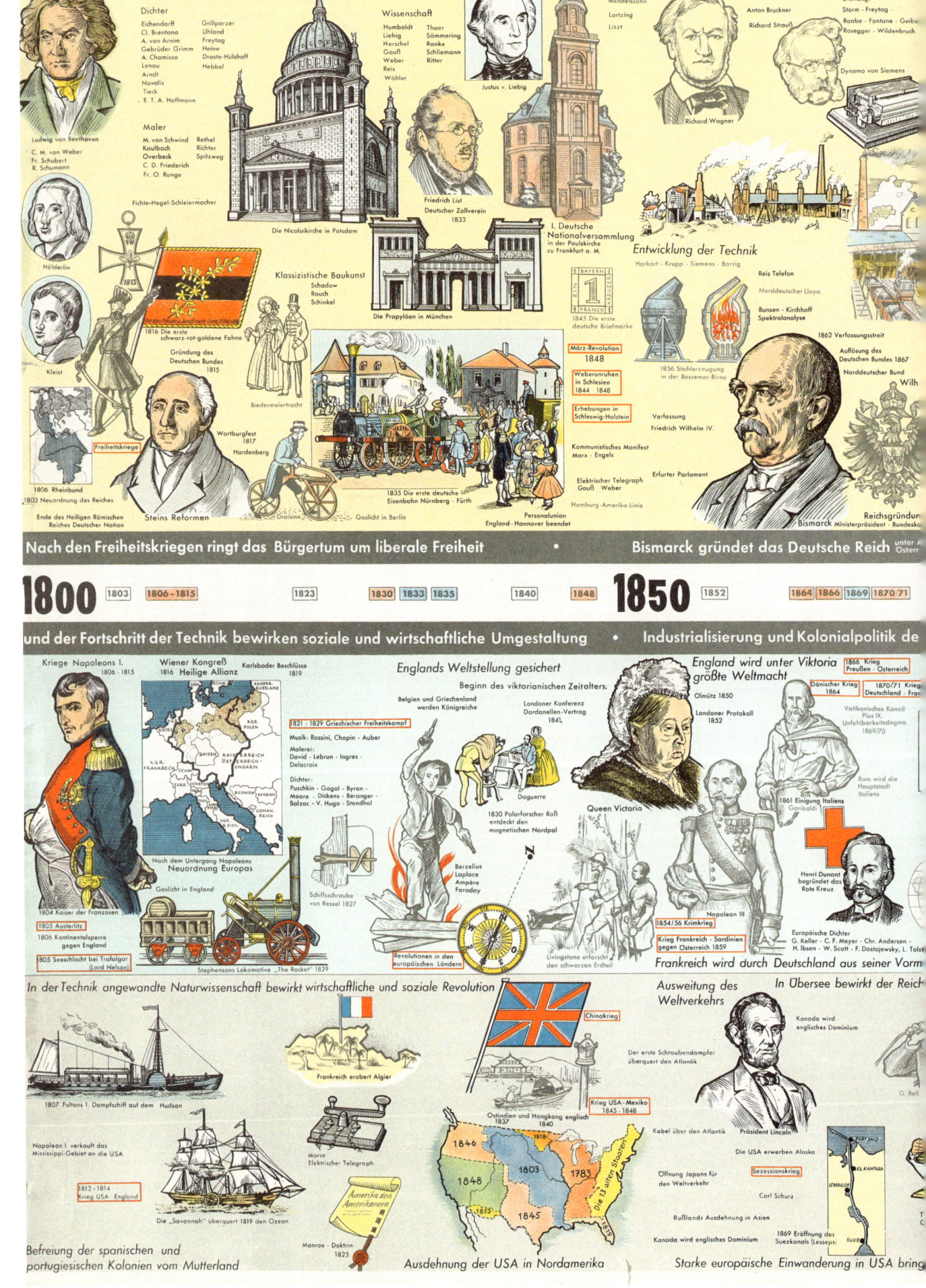

Sturz Chruschtschows

one

nken

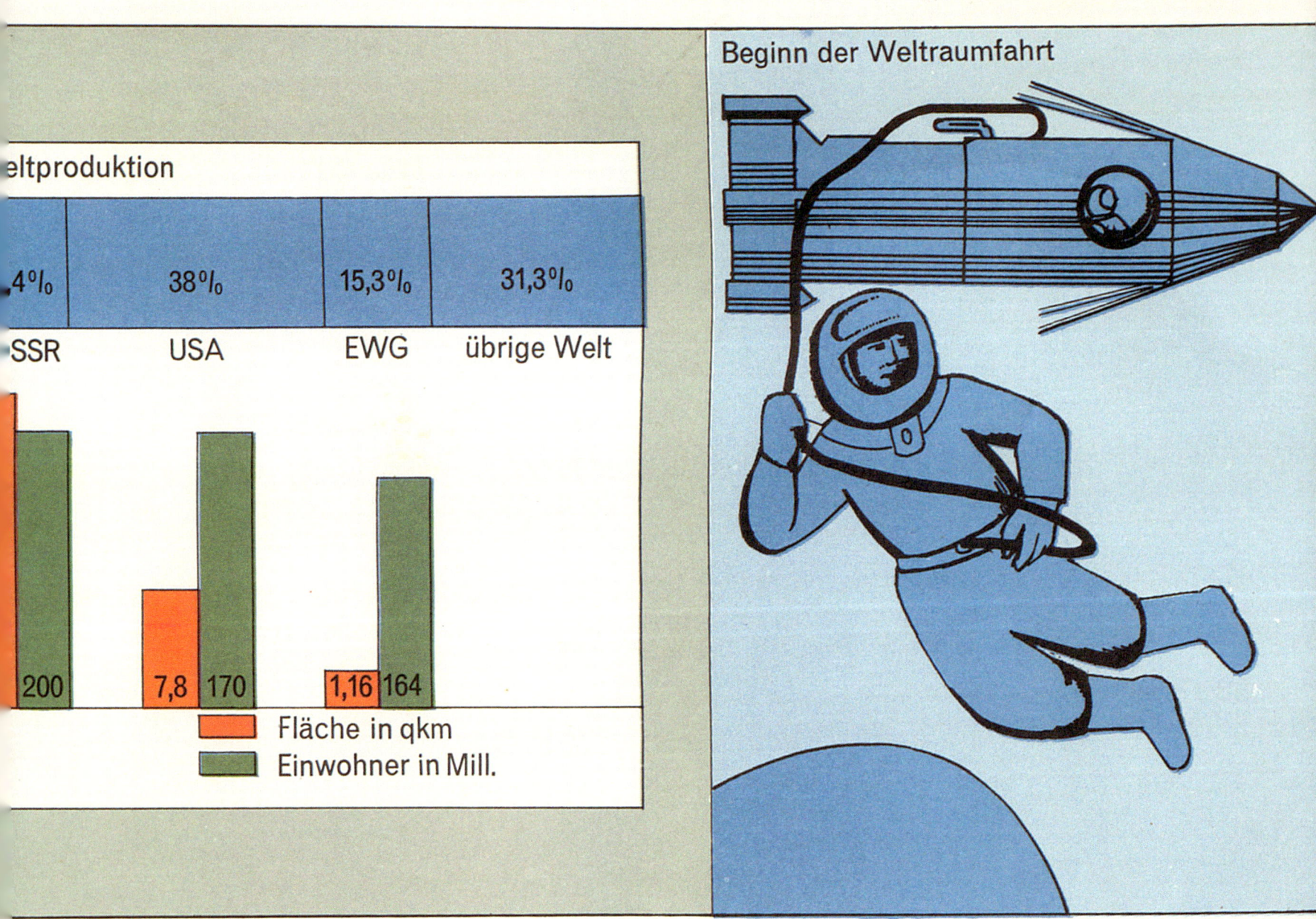

Beginn der Weltraumfahrt

eltproduktion

4%	38%	15,3%	31,3%
SSR	USA	EWG	übrige Welt

| 200 | 7,8 | 170 | 1,16 | 164 |

🟧 Fläche in qkm
🟩 Einwohner in Mill.

reinigung— **Schicksalsfrage des deutschen Volkes**

te Berlin

Deutsches Land östlich der Oder und Neiße

25% der landwirtschaftlichen

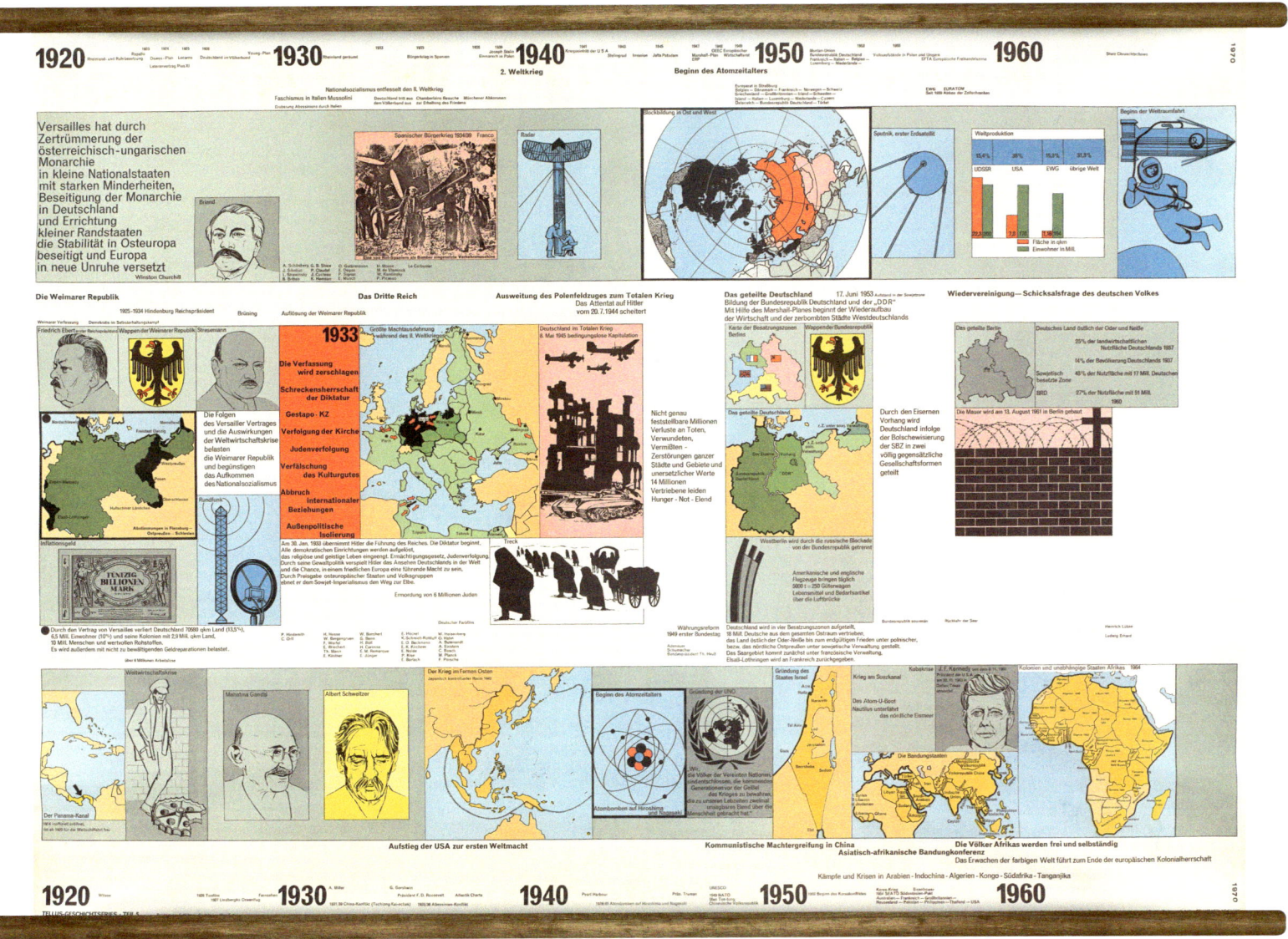

BERLIN

DEUTSCHLANDS HAUPTSTADT

Berlin - die gespaltene Stadt - ist das getreue Abbild des geteilten Deutschlands. 160 Kilometer jenseits des Eisernen Vorhanges liegen die beiden auseinandergerissenen Teile der deutschen Hauptstadt. Der eine Teil ist mitten in der sowjetischen Besatzungszone ein „Schaufenster" des freien Westens. Über zwei Millionen Menschen ertragen hier täglich das Geschick einer Stadt, die durch widersinnige Politik plötzlich Insel geworden ist, abgeschnitten von allen natürlichen Verbindungen, von ihrem Vorland und ihrer Umgebung. Berlin ist für die ganze Welt eine ständige Mahnung, Deutschland wieder zu vereinigen. 1945 schien Berlin ein Trümmerhaufen, eine tote Stadt zu sein. 75 Millionen Kubikmeter Schutt hatte der Krieg hinterlassen, fast die Hälfte des gesamten Wohnraumes war zerstört. Der größte Teil der übriggebliebenen Industrieanlagen wurde in den ersten Monaten der sowjetischen Alleinherrschaft demontiert, alle Banken wurden geschlossen, die Guthaben beschlagnahmt. - Mühsam wurde mit dem Wiederaufbau begonnen. Die Blockade West-Berlins, die nur durch die Luftbrücke überstanden werden konnte, legte noch einmal alles lahm. Als sie zu Ende ging, waren noch 17 Prozent von der Industrieproduktion des Jahres 1936 geblieben. Seitdem aber geht auch hier - wenigstens im freien West-Berlin - der Wiederaufbau stetig voran. Bis 1955 wurden über drei Milliarden DM in Bauten angelegt. Über 200000 Dauerarbeitsplätze wurden seit 1950 neu geschaffen. Dennoch gibt es noch ziemlich viele Arbeitslose, die durch den Flüchtlingsstrom aus der russischen Zone ständig Zuwachs erhalten. Für die Flüchtlinge muß Berlin ebenso sorgen, wie für die vielen Sozialrentner. Es ist die besondere Leistung dieser Stadt, daß sie den Wiederaufbau trotz solcher Schwierigkeiten leistet.

Funkturm

Solange Berlin noch nicht wieder Deutschlands Hauptstadt und sein wirtschaftlicher Mittelpunkt ist, hängt das Schicksal wenigstens des westlichen Teiles der Stadt entscheidend von der Verkehrslage ab. Nur wenige Straßen und Fluglinien, nur vereinzelte Züge und ein beschränkter Schiffsverkehr dienen der Versorgung der Stadt und dem Abtransport ihrer vielseitigen Erzeugnisse.

Kurfürstendamm vor der Gedächtniskirche

Am 29. September 1953 verstarb der Regierende Bürgermeister Professor Ernst Reuter. Sein Name ist mit dem Schicksal Berlins untrennbar verbunden. Unermüdlich war er für seine Stadt tätig; vor allem aber gelang es ihm, der ganzen Welt zu zeigen, was in Berlin auf dem Spiel steht, welche Bedeutung in der Auseinandersetzung zwischen Ost und West hat - „Berlin, das Herz Deutschlands und seine wirkliche Hauptstadt, hat alle Schwierigkeiten bisher in dem Bewußtsein überwunden, daß seine Freiheit und Unabhängigkeit ein Symbol des Verlangens nach Freiheit und Einheit Deutschlands ist und ein Zukunftsversprechen für die 18 Millionen Deutsche in der heute noch unfreien Sowjetzone."
(Aus einer Rede Ernst Reuter's am 23. 9. 1953)

Das Wahrzeichen Berlins ist das Brandenburger Tor, heute auch das Symbol der gespaltenen Stadt, da kurz vor dem Tor die Sektorengrenze verläuft. Das teilweise zerstörte Berliner Schloß, bis 1918 Residenz der Kaiser von Deutschland, ist durch die Ostzonenregierung endgültig vernichtet worden. Auch die Telefonkabel zwischen dem Westen und dem Osten der Stadt sind zerschnitten. Aber durch all diese Maßnahmen kann die Regierung in der Zone die Menschen nicht trennen und ihre gemeinsamen Erinnerungen nicht zerstören.

Im Bild oben sehen wir eine der typischen Berliner Straßen. Unten: Der Alexanderplatz ist der Verkehrsmittelpunkt Ostberlins, das noch mit wenigen Ausnahmen den Umfang der Zerstörungen zeigt. Die Stalinallee, der Stolz des Ostregimes, ist von Trümmern umgeben.

In Gatow, gegenüber dem Grunewaldturm

Luftbrückendenkmal

Bibliothekturm der freien Universität

Das Charlottenburger Schloß mit dem Denkmal des Großen Kurfürsten von Andreas Schlüter (Bild oben links) und das Jagdschloß Grunewald (rechts) sind zwei Zeugnisse der Berliner Geschichte. Vieles andere ist zerstört. Aus eigener Kraft und mit Hilfe des Bundes wie der USA konnte Berlin aber zahlreiche moderne Bauten und Wohnsiedlungen errichten. So ist Westberlin wieder eine moderne Stadt mit vielen Grünanlagen, Fabriken, Sozialeinrichtungen, neuen Schulen, Bibliotheken und einer eigenen bedeutenden Universität.

Siegessäule

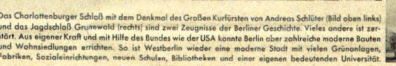

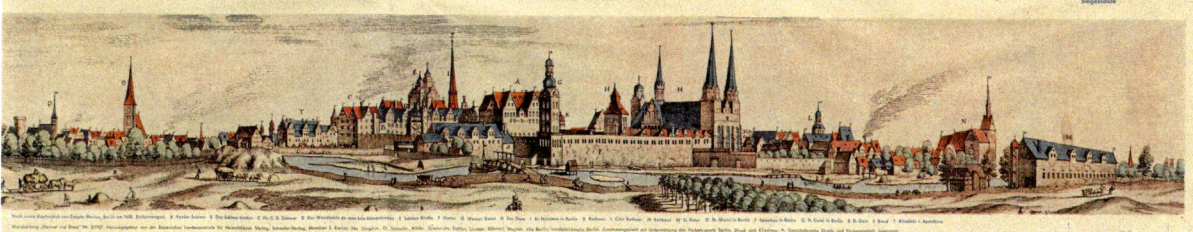

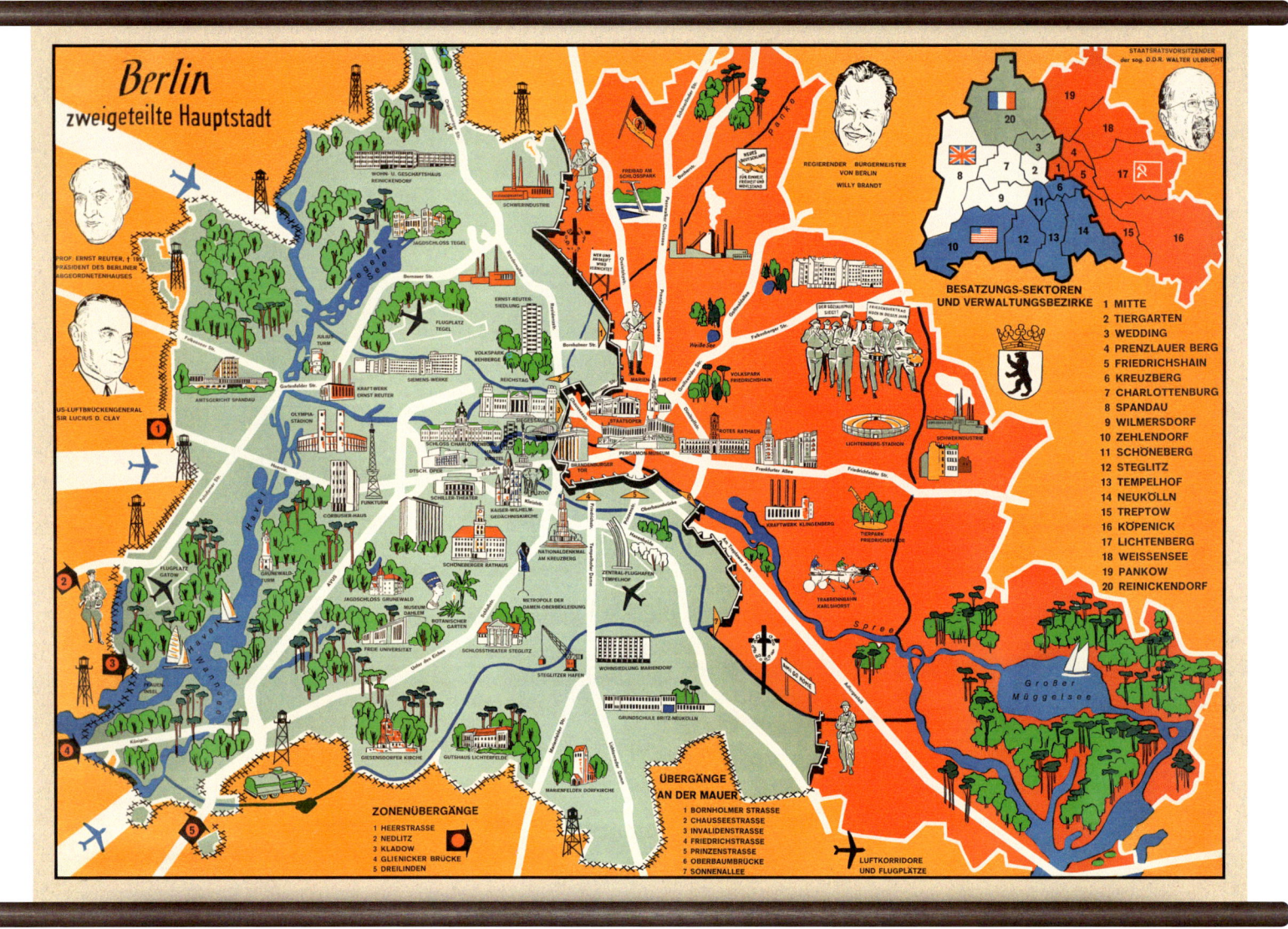

Berlin
zweigeteilte Hauptstadt

PROF. ERNST REUTER, † 1953
PRÄSIDENT DES BERLINER
ABGEORDNETENHAUSES

US-LUFTBRÜCKENGENERAL
SIR LUCIUS D. CLAY

REGIERENDER BÜRGERMEISTER
VON BERLIN
WILLY BRANDT

STAATSRATSVORSITZENDER
der sog. D.D.R. WALTER ULBRICHT

BESATZUNGS-SEKTOREN
UND VERWALTUNGSBEZIRKE

1 MITTE
2 TIERGARTEN
3 WEDDING
4 PRENZLAUER BERG
5 FRIEDRICHSHAIN
6 KREUZBERG
7 CHARLOTTENBURG
8 SPANDAU
9 WILMERSDORF
10 ZEHLENDORF
11 SCHÖNEBERG
12 STEGLITZ
13 TEMPELHOF
14 NEUKÖLLN
15 TREPTOW
16 KÖPENICK
17 LICHTENBERG
18 WEISSENSEE
19 PANKOW
20 REINICKENDORF

ZONENÜBERGÄNGE
1 HEERSTRASSE
2 NEDLITZ
3 KLADOW
4 GLIENICKER BRÜCKE
5 DREILINDEN

ÜBERGÄNGE
AN DER MAUER
1 BORNHOLMER STRASSE
2 CHAUSSEESTRASSE
3 INVALIDENSTRASSE
4 FRIEDRICHSTRASSE
5 PRINZENSTRASSE
6 OBERBAUMBRÜCKE
7 SONNENALLEE

LUFTKORRIDORE
UND FLUGPLÄTZE

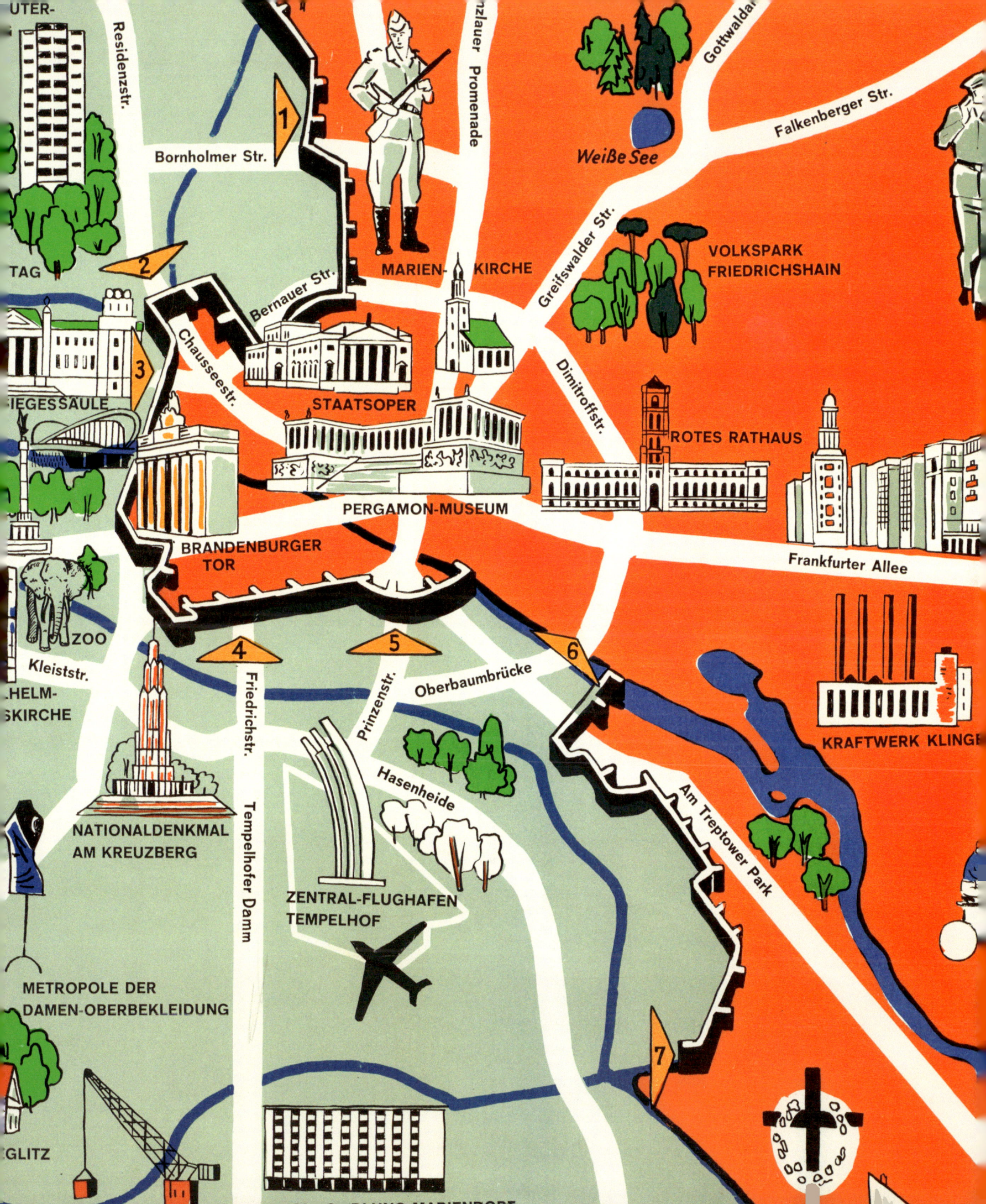

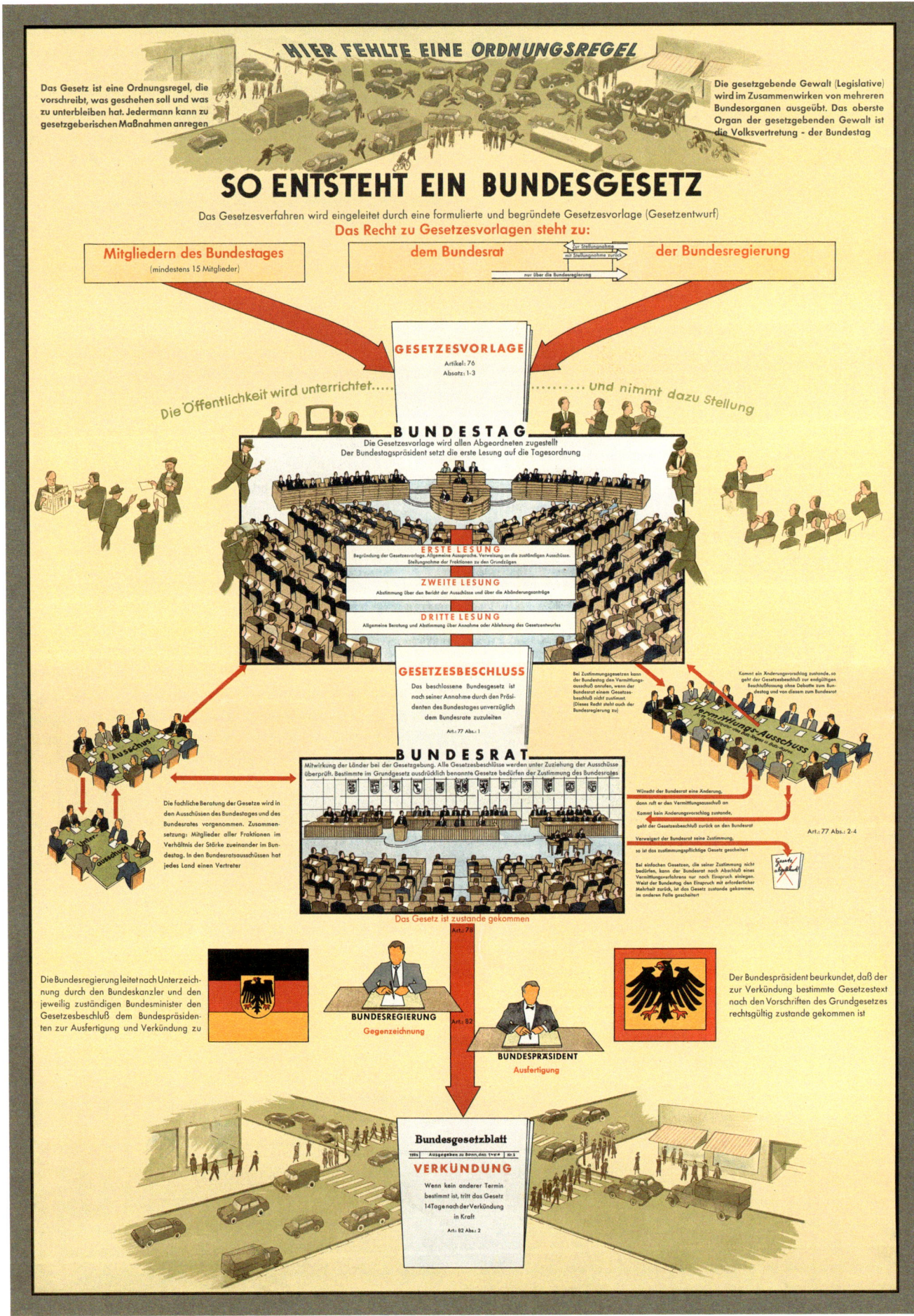

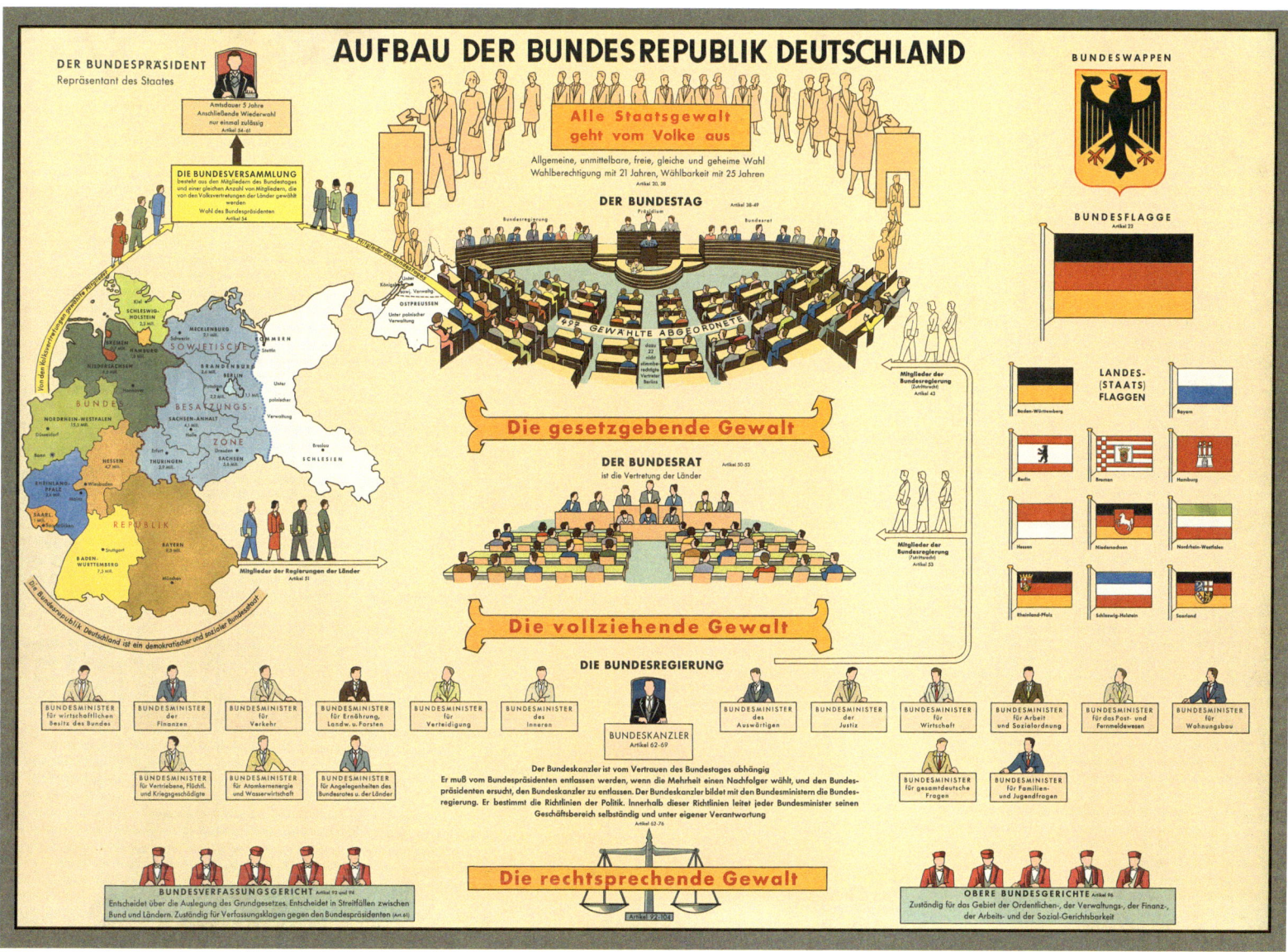

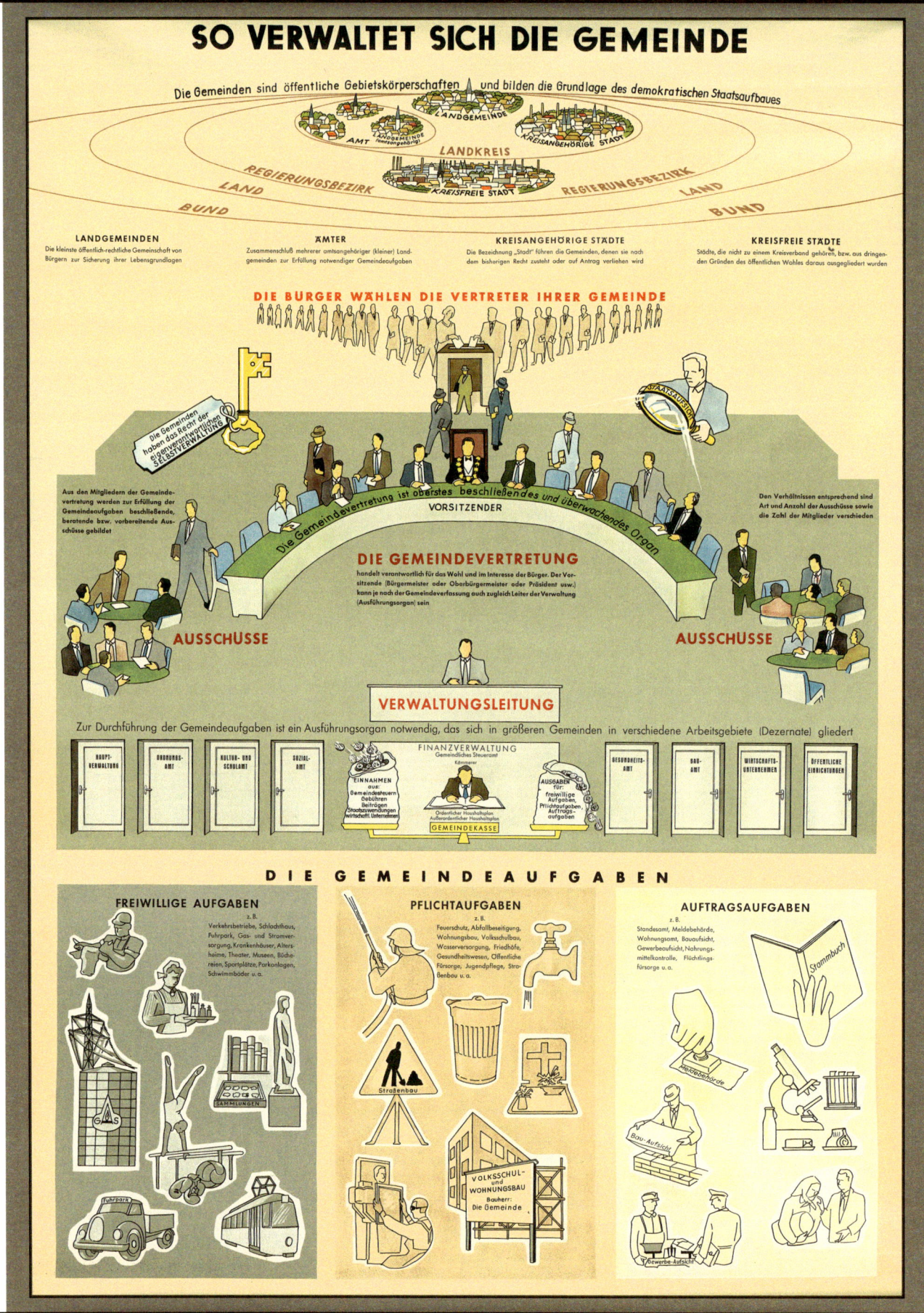

SO VERWALTET SICH DIE GEMEINDE

Die Gemeinden sind öffentliche Gebietskörperschaften und bilden die Grundlage des demokratischen Staatsaufbaues

LANDGEMEINDE
AMT
LANDGEMEINDE
KREISANGEHÖRIGE STADT
LANDKREIS
REGIERUNGSBEZIRK
KREISFREIE STADT
REGIERUNGSBEZIRK
LAND
BUND
LAND
BUND

LANDGEMEINDEN
Die kleinste öffentlich-rechtliche Gemeinschaft von Bürgern zur Sicherung ihrer Lebensgrundlagen

ÄMTER
Zusammenschluß mehrerer amtsangehöriger (kleiner) Landgemeinden zur Erfüllung notwendiger Gemeindeaufgaben

KREISANGEHÖRIGE STÄDTE
Die Bezeichnung „Stadt" führen die Gemeinden, denen sie nach dem bisherigen Recht zusteht oder auf Antrag verliehen wird

KREISFREIE STÄDTE
Städte, die nicht zu einem Kreisverband gehören, bzw. aus dringenden Gründen des öffentlichen Wohles daraus ausgegliedert wurden

DIE BÜRGER WÄHLEN DIE VERTRETER IHRER GEMEINDE

Die Gemeinden haben das Recht der eigenverantwortlichen SELBSTVERWALTUNG

STAATSAUFSICHT

Aus den Mitgliedern der Gemeindevertretung werden zur Erfüllung der Gemeindeaufgaben beschließende, beratende bzw. vorbereitende Ausschüsse gebildet

Die Gemeindevertretung ist oberstes beschließendes und überwachendes Organ

VORSITZENDER

Den Verhältnissen entsprechend sind Art und Anzahl der Ausschüsse sowie die Zahl der Mitglieder verschieden

DIE GEMEINDEVERTRETUNG
handelt verantwortlich für das Wohl und im Interesse der Bürger. Der Vorsitzende (Bürgermeister oder Oberbürgermeister oder Präsident usw.) kann je nach der Gemeindeverfassung auch zugleich Leiter der Verwaltung (Ausführungsorgan) sein

AUSSCHÜSSE
AUSSCHÜSSE

VERWALTUNGSLEITUNG

Zur Durchführung der Gemeindeaufgaben ist ein Ausführungsorgan notwendig, das sich in größeren Gemeinden in verschiedene Arbeitsgebiete (Dezernate) gliedert

| HAUPT-VERWALTUNG | ORDNUNGS-AMT | KULTUR- UND SCHULAMT | SOZIAL-AMT | | | GESUNDHEITS-AMT | BAU-AMT | WIRTSCHAFTS-UNTERNEHMEN | ÖFFENTLICHE EINRICHTUNGEN |

FINANZVERWALTUNG
Gemeindliches Steueramt
Kämmerei

EINNAHMEN aus: Gemeindesteuern Gebühren Beiträgen Staatszuwendungen wirtschaftl. Unternehmen

AUSGABEN für: freiwillige Aufgaben, Pflichtaufgaben, Auftragsaufgaben

Ordentlicher Haushaltplan
Außerordentlicher Haushaltplan
GEMEINDEKASSE

DIE GEMEINDEAUFGABEN

FREIWILLIGE AUFGABEN
z. B.
Verkehrsbetriebe, Schlachthaus, Fuhrpark, Gas- und Stromversorgung, Krankenhäuser, Altersheime, Theater, Museen, Büchereien, Sportplätze, Parkanlagen, Schwimmbäder u. a.

GAS
SAMMLUNGEN
Fuhrpark

PFLICHTAUFGABEN
z. B.
Feuerschutz, Abfallbeseitigung, Wohnungsbau, Volksschulbau, Wasserversorgung, Friedhöfe, Gesundheitswesen, Öffentliche Fürsorge, Jugendpflege, Straßenbau u. a.

Straßenbau
VOLKSSCHUL- und WOHNUNGSBAU Bauherr: Die Gemeinde

AUFTRAGSAUFGABEN
z. B.
Standesamt, Meldebehörde, Wohnungsamt, Bauaufsicht, Gewerbeaufsicht, Nahrungsmittelkontrolle, Flüchtlingsfürsorge u. a.

Meldebehörde
Stammbuch
Bau-Aufsicht
Gewerbe-Aufsicht

UNSERE STADT
ALS WIRTSCHAFTSORGANISMUS

Feuerwehr
Fahrzeuge...
Alarme...

Polizei
Aufgeklärte Straftaten...
Überfallalarme...

Verkehrsbetriebe
Straßenbahnwagen...
Omnibusse...
Beförderte Personen...

Schlachthof
Viehauftrieb...

Sparkasse
Spareinlagen...
Monatsumsatz...

Märkte
Marktplätze...
Umsatz...

Milchhof
Milchmenge...
Buttererzeugung...
Käseerzeugung...

Städtische Wohnungen
Anzahl...

Sportanlagen
Plätze...

Schulen

Bibliotheken
Zahl der Bücher...

Hafenbetrieb
Güterumschlag...
Schiffsverkehr...

Kanal- und Wasserbau
Rohrnetz...
Pumpwerke...

Fuhrpark
Fahrzeuge...
Arbeitsleistung...

Elektrizitätswerke
Strommenge...
Kohleverbrauch...

Wasserwerke
Wassermenge...

Gaswerke
Gasmenge...
Koksmenge...

Badeanstalten
Benutzer...

Krankenhäuser
Anzahl...
Betten...

Museen
Werte...
Besucher...

Theater
Zahl der Plätze...
Besucher...

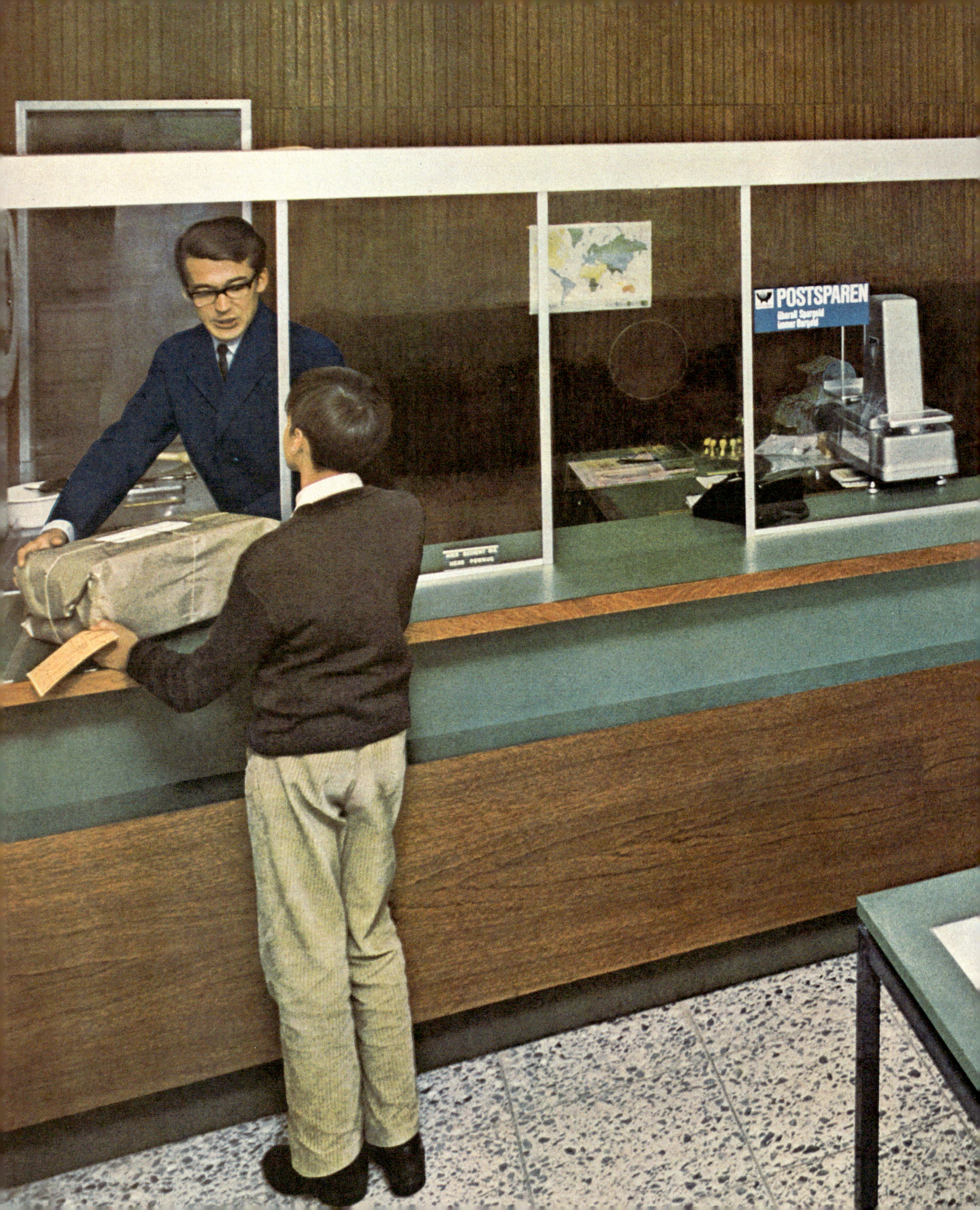

IN DER POST

Nr. 4177   Im Postamt   Offsetdruckerei Fricke & Co, Stuttgart   Der Neue Schulmann, Stuttgart

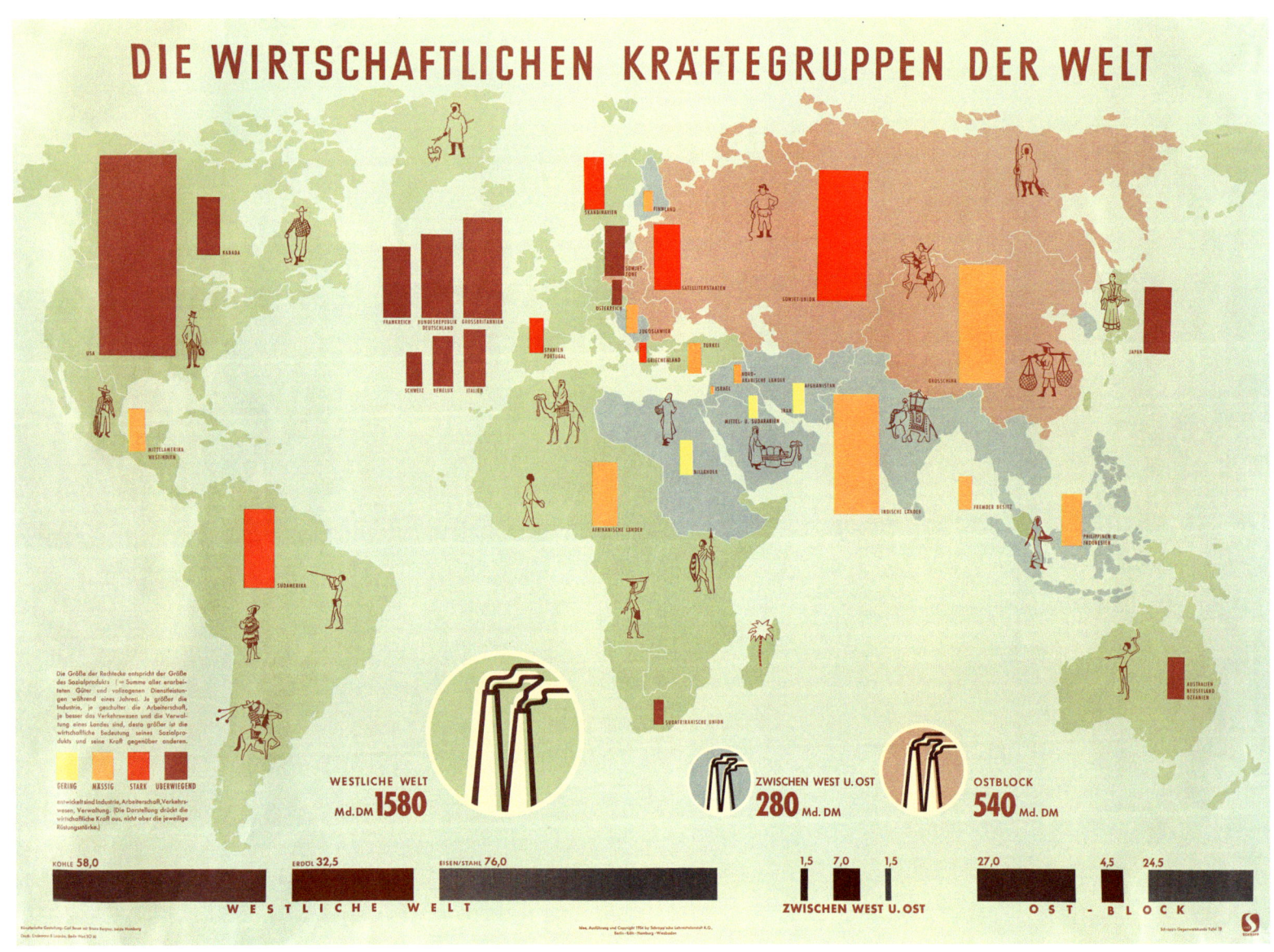

DIE WIRTSCHAFTLICHEN KRÄFTEGRUPPEN DER WELT

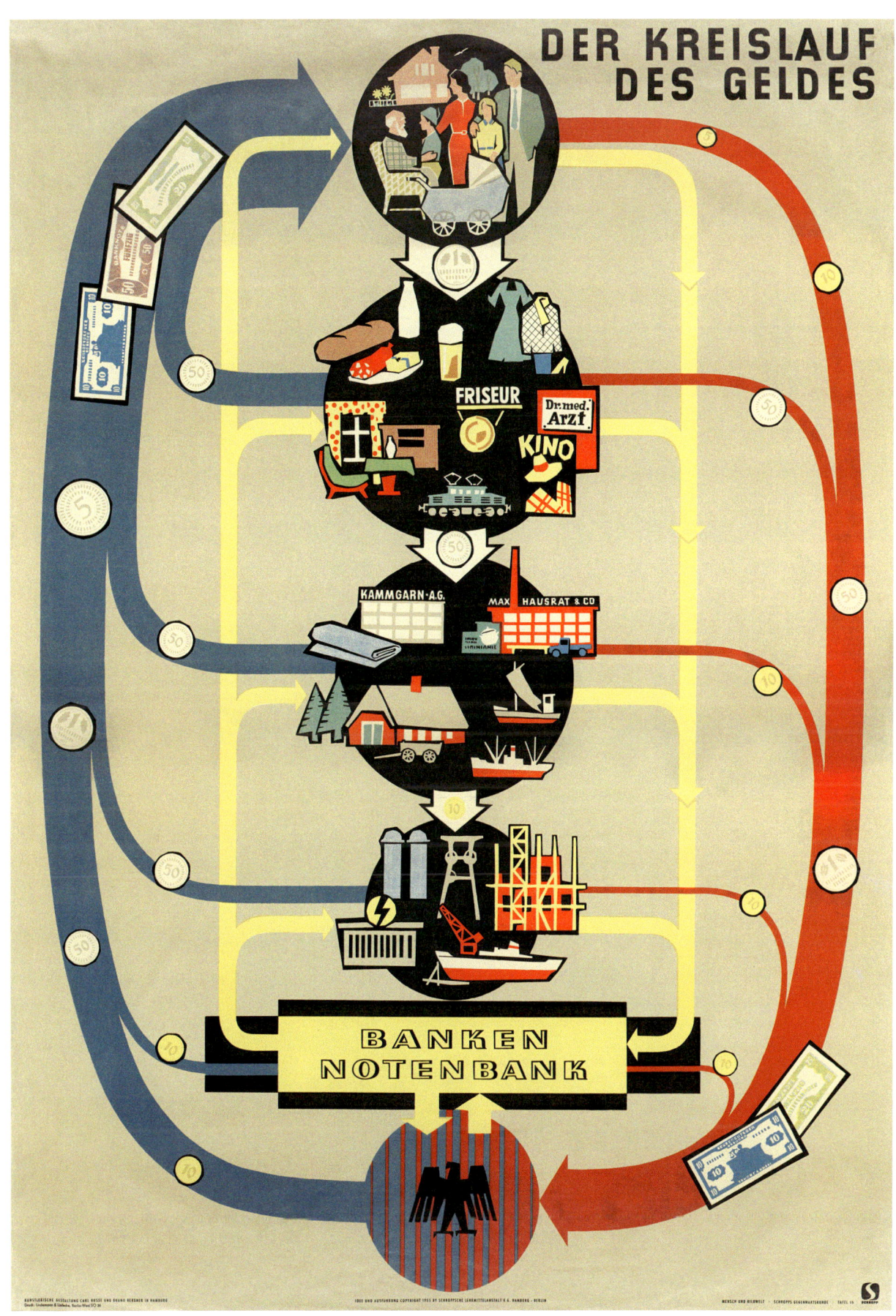

DAS HAUSHALTSBUCH DER B[...]

Einnahmen

1953/54			
		9 825 0 00 00	38
39,8	*Umsatzsteuer*		
16,9	*Einkommensteuer* Bundesanteil	4 178 1 00 00	33
12,5	*Anleihen* Schuldbuchverpflichtungen	3 099 0 00 00	
9,3	*Tabaksteuer*	2 300 0 00 00	
5,2	*Übrige Bundessteuern* Verschiedene Verbrauchersteuern	1 296 3 00 00	
4,5	*Zölle*	1 100 0 00 00	
3,4	*Notopfer Berlin*	835 0 00 00	
2,8	*Aus Verwaltung* Von Bundespost, Notenbank u.a.	691 2 00 00	
2,3	*Branntweinsteuer*	562 0 00 00	
2,3	*Kaffee-u. Teesteuer*	562 0 00 00	
1,0	*Verschiedenes*	259 5 00 00	
100,0%	*DM*	24 708 1 00 00	

B-

NDESREPUBLIK

Ausgaben

	DM
Besatzung/Verteidg.	9610100000
Sozialleistungen	8742900000
Wiedergutmachung u. Zinsen	1462700000
Wohnungsbau Lastenausgleich u. Subventionen	1432200000
Personal-u.Sachausgab.	805300000
Förderungen Wirtschaft, Verkehr, Wissenschaft	696100000
Zuschuß an Berlin	685000000
Verkehrsaufgaben	542300000
Verschiedenes Aus Einfuhrpreisen u.a.	372900000
An Länderverwaltgn.	263800000
Pensionen	94800000
D.M.	**24708100000**

3
8
,2
,5
,1
0,4
100,0%

Verkehr

Verkehrserziehung,
Verkehrsunterricht

→ Serientitel: Rot-Gelb-Grün,
Foto-Wandbild-Serie; Tellus,
Verkehrsunterrichtstafeln

Vor dem Hintergrund des in der Nachkriegszeit ansteigenden Verkehrsaufkommens sollte mit Schulwandbildern für den Verkehrsunterricht deutlich werden, »dass der Verkehr eine volkliche Angelegenheit ist, seine immanenten Gesetze hat und deshalb nicht der Willkür des einzelnen Verkehrsteilnehmers überlassen werden kann«, so ein Begleittext aus dem Jahre 1956. Große Verbreitung erreichten die Verkehrsunterrichtstafeln aus dem Essener Tellus-Verlag, die vom Minister für Wirtschaft und Verkehr des Landes Nordrhein-Westfalen in Zusammenarbeit mit der ESSO AG herausgegeben wurden. Auf diesen Bildern finden sich interessanterweise zumeist Situationen, in denen sich die Verkehrsteilnehmer *falsch* verhalten: Schülerinnen und Schüler sollten aus den Fehlern der anderen lernen und die jeweiligen verkehrswidrigen und gefährlichen Einzelszenen benennen und entsprechend korrigieren. Farbgebung und Illustrationsstil waren für Kinder ansprechend gewählt, zeigten sich in der Folgezeit jedoch wenig modern. Daher dominierten in der Verkehrserziehung der 1960er und 1970er Jahre vielfach Fotografien wie die Foto-Wandbilder des Rot-Gelb-Grün Verlags.

Detail
aus → 104

TELLUS-VERKEHRSUNTERRICHTSTAFEL 6

5

Druck und Verlag: Verkehrs-Verlag, Remagen/Rhein
Fachverlag für Auto und Verkehr
Bestell-Nr. 938

Vorgang des Überholens

Fahrzeuge dürfen einander nur überholen, wenn die Geschwindigkeit des überholenden Fahrzeugs wesentlich höher ist. Während des Überholens dürfen Führer eingeholter Fahrzeuge ihre Geschwindigkeit nicht erhöhen.

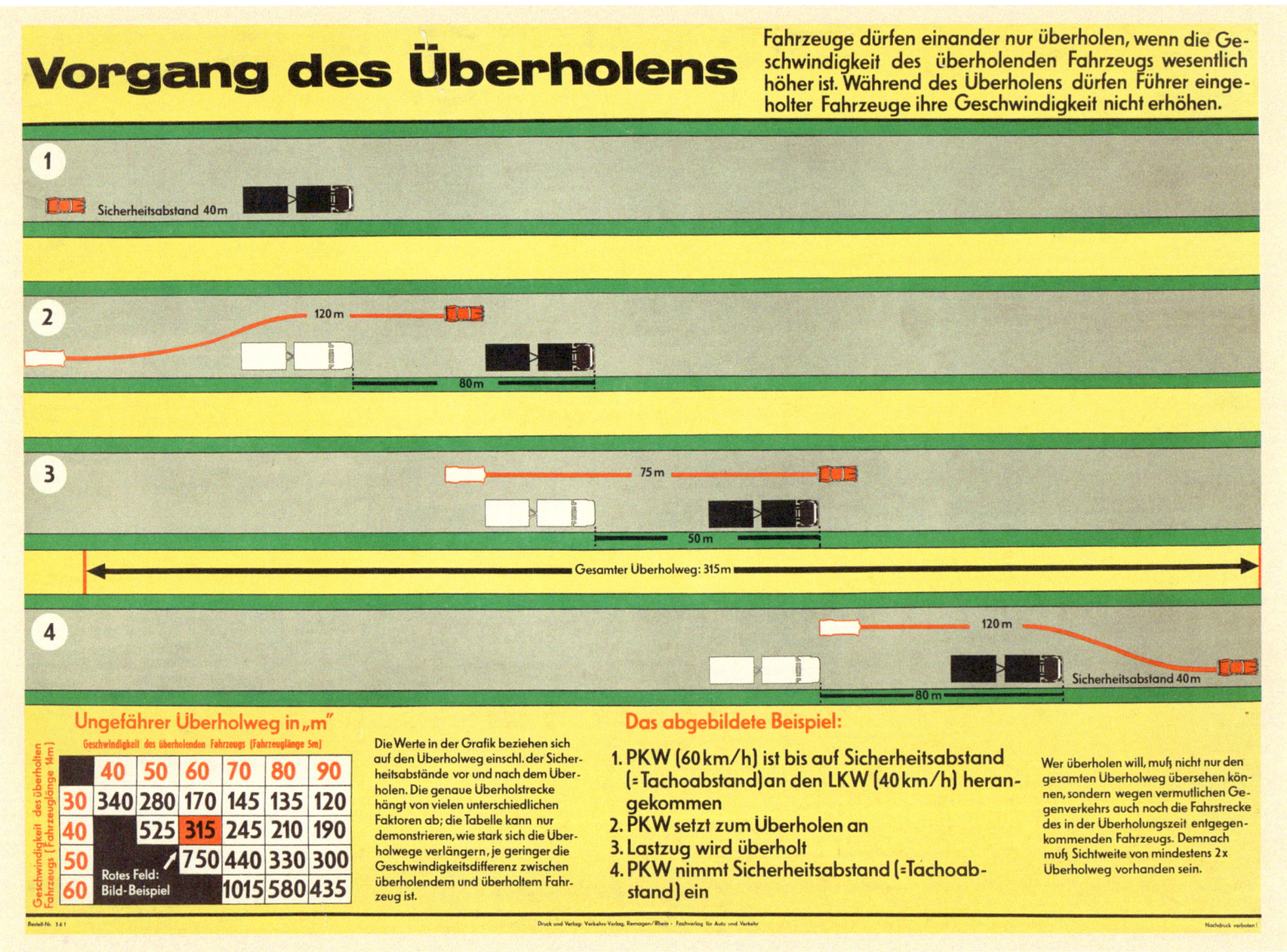

1 Sicherheitsabstand 40 m

2 120 m — 80 m

3 75 m — 50 m — Gesamter Überholweg: 315 m

4 120 m — 80 m — Sicherheitsabstand 40 m

Ungefährer Überholweg in „m"

Geschwindigkeit des überholenden Fahrzeugs (Fahrzeuglänge 5 m)

Geschwindigkeit des überholten Fahrzeugs (Fahrzeuglänge 14 m)

	40	50	60	70	80	90
30	340	280	170	145	135	120
40		525	315	245	210	190
50			750	440	330	300
60				1015	580	435

Rotes Feld: Bild-Beispiel

Die Werte in der Grafik beziehen sich auf den Überholweg einschl. der Sicherheitsabstände vor und nach dem Überholen. Die genaue Überholstrecke hängt von vielen unterschiedlichen Faktoren ab; die Tabelle kann nur demonstrieren, wie stark sich die Überholwege verlängern, je geringer die Geschwindigkeitsdifferenz zwischen überholendem und überholtem Fahrzeug ist.

Das abgebildete Beispiel:

1. PKW (60 km/h) ist bis auf Sicherheitsabstand (=Tachoabstand) an den LKW (40 km/h) herangekommen
2. PKW setzt zum Überholen an
3. Lastzug wird überholt
4. PKW nimmt Sicherheitsabstand (=Tachoabstand) ein

Wer überholen will, muß nicht nur den gesamten Überholweg übersehen können, sondern wegen vermutlichen Gegenverkehrs auch noch die Fahrstrecke des in der Überholungszeit entgegenkommenden Fahrzeugs. Demnach muß Sichtweite von mindestens 2 x Überholweg vorhanden sein.

Bestell-Nr. 561   Druck und Verlag: Verkehrs-Verlag, Remagen/Rhein · Fachverlag für Auto und Verkehr   Nachdruck verboten!

I. Warnzeichen:

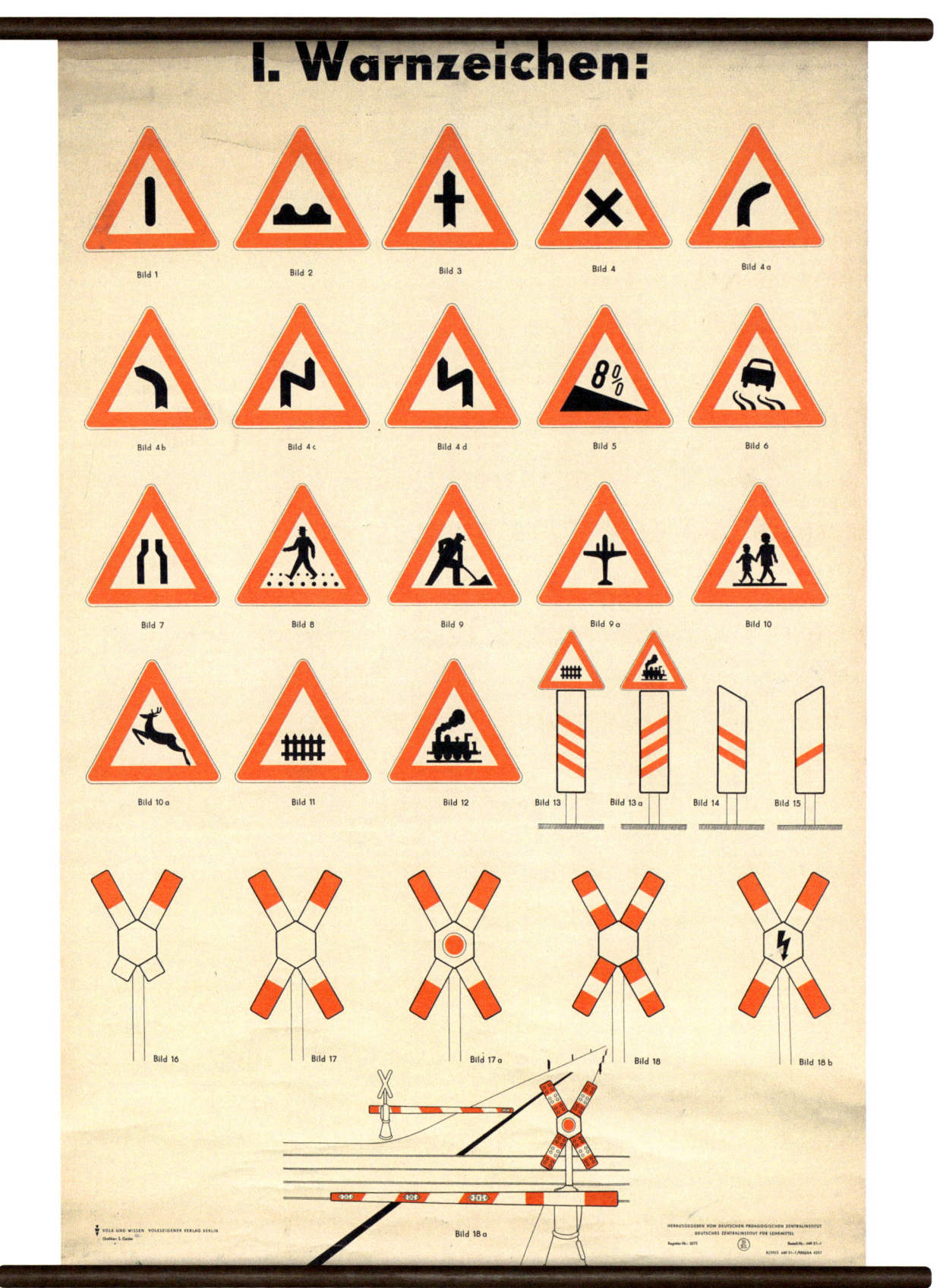

Bild 1 Bild 2 Bild 3 Bild 4 Bild 4 a

Bild 4 b Bild 4 c Bild 4 d Bild 5 Bild 6

Bild 7 Bild 8 Bild 9 Bild 9 a Bild 10

Bild 10 a Bild 11 Bild 12 Bild 13 Bild 13 a Bild 14 Bild 15

Bild 16 Bild 17 Bild 17 a Bild 18 Bild 18 b

Bild 18 a

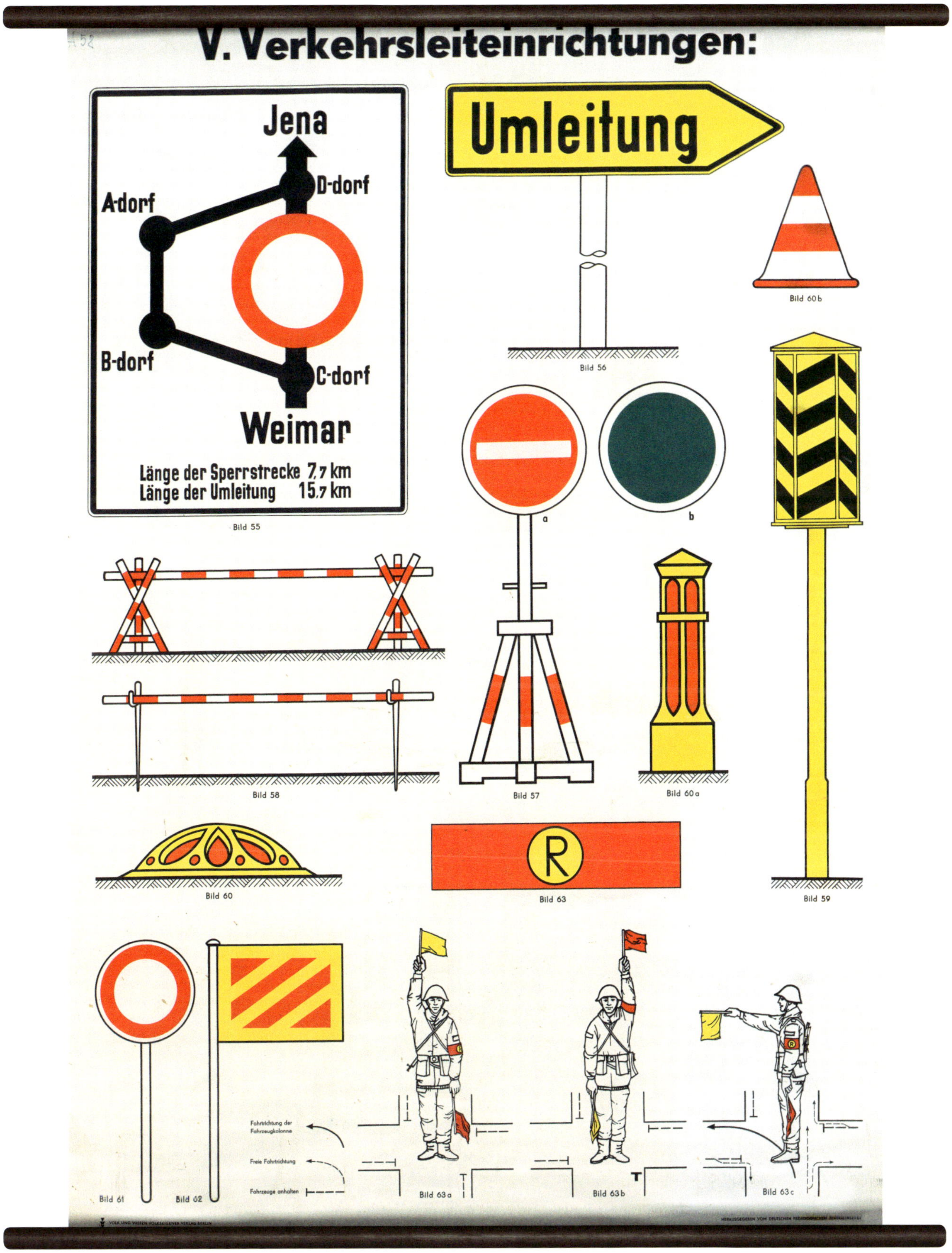

V. Verkehrsleiteinrichtungen:

Jena

A-dorf

D-dorf

B-dorf

C-dorf

Weimar

Länge der Sperrstrecke 7,7 km
Länge der Umleitung 15,7 km

Bild 55

Umleitung

Bild 56

a

b

Bild 60b

Bild 57

Bild 60a

Bild 59

Bild 58

Bild 60

Ⓡ

Bild 63

Fahrtrichtung der
Fahrzeugkolonne

Freie Fahrtrichtung

Fahrzeuge anhalten

Bild 61

Bild 62

Bild 63a

Bild 63b

Bild 63c

Verzeichnis der abgebildeten Schulwandbilder

Zahlen und Maße B

B01 Das metrische Mass- und Gewicht-System · um 1900 · Professor Bopp's Verlag, Stuttgart · 109,5×105×4 cm · [FHBW/RK5499]

B02 Vogeleltern mit ihren Kindern · 1926 · Aktiengesellschaft für Druck und Verlag vorm. Gebr. Gotthelft, Kassel · Gertrud Caspari · 67,5×54 cm · [FHBW/A220]

B03 Kühnels Hundertertafel für die Hand des Lehrers · um 1955 · Robert Zeise & Co., Regensburg · 42,1×53,7×2 cm · [FHBW/RT002]

B04 Kühnels Tausendertafel für die Hand des Lehrers · um 1960 · Turm-Verlag Steufgen & Sohn, Düsseldorf · 95×51×6 cm · [FHBW/RKT155.3]

B05 Kühnels Zehntausendertafel für die Hand des Lehrers · um 1955 · Robert Zeise & Co., Regensburg · 58,9×79,2×3 cm · [FHBW/RT004.2]

B06 Übersichtskarte für das Rechnen mit Maßen und Gewichten · um 1960 · Lehrmittelverlag E. Knefeli, Meppen · 154×89,3×6,2 cm · [FHBW/RK5505]

B07 Das Quadratmeter · um 1955 · Röhr-Verlag, Bad Münster am Stein · 115,2×129×5,7 cm · [FHBW/RKR003.2]

Natur und Technik C

C01 Die schiefe Ebene · 1948 · Naturwissenschaftlicher Verlag, Berlin · 114,6×62 cm · [FHBW/RKN005]

C02 Die Verdunstung · um 1955 · Höpfel Verlag, Berlin · 106,5×69,5×5 cm · [FHBW/RK5471]

C03 Das Feuer (leuchtende Flammen) · um 1955 · Höpfel Verlag, Berlin · 76,5×102×5 cm · [FHBW/RK5473]

C04 Lösung und Kristall · um 1955 · Höpfel Verlag, Berlin · 107×68×4,5 cm · [FHBW/RK5479]

C05 Elektrolyse · um 1955 · Höpfel Verlag, Berlin · 76×101×5,5 cm · [FHBW/RK5475]

C06 Salze – Zur Herstellung von Salzen werden immer Säuren gebraucht · um 1970 · Arrhenius-Verlag, Bochum · 132,5×66,4×7,8 cm · [FHBW/RKA2001]

C07 Laugen · um 1970 · Arrhenius-Verlag, Bochum · 132,4×84×7,5 cm · [FHBW/RKA2004]

C08 Das Periodensystem der Elemente · 1960 · PHYWE-AG, Göttingen · 245,1×177×6,3 cm · [FHBW/RKP090]

C09 Chemische Verbindungen · um 1970 · Arrhenius-Verlag, Bochum · 130,5×85×7,9 cm · [FHBW/RKA2003]

C10 Chemische Grundstoffe · um 1970 · Arrhenius-Verlag, Bochum · 1332×830×75 cm · [FHBW/RKX2004]

C11 Die Zerlegung des Sonnenlichtes, die Farben, ihre Arten und Äquivalente · um 1911 · C. C. Meinhold & Söhne, Dresden · 89,5×63,5 cm · [FHBW/5386]

C12 Dieselmotor · 1964 · Der neue Schulmann, Stuttgart · 64×92 cm · [FHBW/14630]

C13 Der Otto-Motor · 1965 · Der neue Schulmann, Stuttgart · Siegfried Werner · [FHBW/1474]

C14 Fotografie · um 1960 · Graf Engelbert, Bochum · 116,8×70 cm · [FHBW/RKG125]

C15 Fernsehen · um 1960 · Graf Engelbert, Bochum · 117,8×70 cm · [FHBW/RKG124]

C16 Das Telefon · um 1960 · Graf Engelbert, Bochum · 114,7×70,2 cm · [FHBW/RKG127]

C17 Rundfunk · um 1960 · Graf Engelbert, Bochum · 115,5×70,5 cm · [FHBW/RKG151]

C18 Steinkohlenbergwerk · um 1913 · F. E. Wachsmuth, Leipzig · Josef Klemm · 65,2×123,8 cm · [FHBW/4833]

C19 Steinkohlenbergwerk · 1953 · Verlag Glückauf GmbH, Essen · Paul Kozicki · 148,5×99,3×7,2 cm · [FHBW/RKTB003]

C20 Atomkraft · um 1960 · Vermutlich Graf Engelbert, Bochum · 100,5×70,2 cm · [FHBW/NB010]

C21 Kernkraftwerk · 1979 · Der neue Schulmann, Stuttgart · Georg Schibalski · 92×62 cm · [FHBW/1630.2]

Pflanzen D

D01 Sonnentau · um 1914 · Quelle & Meyer, Leipzig · Walter Heubach, Hans Meierhofer · 177,8×117×8 cm · [FHBW/RK30619]

D02 Löwenzahn, Wucherblume, Klette, Kornblume · um 1960 · Lithographische Anstalt von Chr. J. Cato, Kopenhagen · 100×73,5×1,5 cm · [FHBW/30432.2]

D03 Nelkenkraut, Storchschnabel, Großblättriges Weidenröschen · um 1911 · Lithographische Anstalt von Chr. J. Cato, Kopenhagen · 112,1×73,2×4,3 cm · [FHBW/RK31395]

D04 Kakao – Kaffee · um 1960 · Graf Engelbert, Bochum · 115,5×70,5×4,7 cm · [FHBW/RK31871]

D05 Tabak – Tee · um 1960 · Graf Engelbert, Bochum · 114,5×70×4,2 cm · [FHBW/RK31870]

D06 Arabischer Kaffeestrauch · 1964 · Lehrmittelverlag Wilhelm Hagemann, Düsseldorf · 80,5×114 cm · [FHBW/3391.2]

D07 Süßgräser unserer Wiesen · um 1960 · Emil Schwarz, Altenberg bei Köln · 101,3×137×7,2 cm · Foto: Thorsten Kern, Köln

D08 Blätter und Blüten · um 1960 · Emil Schwarz, Altenberg bei Köln · 74,3×133,8 cm · [FHBW/SCH731]

D09 Blütenformen · um 1960 · Emil Schwarz, Altenberg bei Köln · 74,3×133,8 cm · [FHBW/SCH731]

D10 Blomma och Blomställningar [Blüten und Blütenstände] · um 1950 · Gunnar Saietz A.-B., Stockholm · Max Richter · 70,4×100,4 cm · [FHBW/E026]

D11 Beerenobst · 1979 · Der neue Schulmann, Stuttgart · Eva Hohrath · 64×92 cm · [FHBW/1633]

D12 Sonnenblume · 1969 · Lehrmittelverlag Wilhelm Hagemann, Düsseldorf · 102×117,7×6 cm · [FHBW/RK30165.4]

D13 Echter Flachs oder Lein · 1969 · Lehrmittelverlag Wilhelm Hagemann, Düsseldorf · 83,7×115 cm · [FHBW/30156]

D14 Kirschbaum · 1967 · Lehrmittelverlag Wilhelm Hagemann, Düsseldorf · 103,6×118×6,2 cm · [FHBW/RK30149.2]

D15 Tulpe · 1974 · Lehrmittelverlag Wilhelm Hagemann, Düsseldorf · 83×114 cm · [FHBW/30169]

D16 Veilchen · um 1956 · Lehrmittelverlag Wilhelm Hagemann, Düsseldorf · 102,9×117,5×6 cm · [FHBW/RK30161]

Verzeichnis

E33 Tintenfische ·
P. A. Norstedt & Söners Förlag,
Stockholm · Vilhelm Tupy ·
93,5×68,6 cm

E34 Karpfen · 1974 ·
Lehrmittelverlag Wilhelm Hagemann,
Düsseldorf · 83×114 cm ·
[FHBW/30229]

E35 Ryggradsdjurens Byggnad ·
ca. 120×80 cm ·
Foto: Ruempelstilzchen, Bielefeld

E36 Rötliche Sternkoralle,
Gelbe Baumkoralle · 1964 ·
Lehrmittelverlag Wilhelm Hagemann,
Düsseldorf · 101,7×117×5,6 cm ·
[FHBW/RK30265.2]

Mensch

F01 A. Menschliches Skelett,
B. Muskulatur · um 1891 ·
F. E. Wachsmuth, Leipzig ·
Bruno Héroux · 87,8×130,3 cm ·
[FHBW/20721]

F02 Muskeln des Menschen ·
ca. 80×130 cm ·
Foto: Ruempelstilzchen, Bielefeld

F03 Die Muskeln des Menschen
(Vorderseite) · um 1950 · Deutsches
Hygiene-Museum, Dresden ·
101×197×5,4 cm · [FHBW/RK32037]

F04 Bewegungen durch unsere
Muskeln · um 1965 · Erlanger
Lehrmittelverlag G. Schmidt-Kaler,
Erlangen · 59,5×69,5×1,4 cm ·
[FHBW/ER047]

F05 Atmung und Blutkreislauf ·
1964 · Lehrmittelverlag Wilhelm
Hagemann, Düsseldorf ·
186,5×120×7,8 cm · [FHBW/RK32113]

F06 Innere Organe · um 1960 ·
Emil Schwarz, Altenberg bei Köln ·
72,6×169,2 cm ·
Foto: Thorsten Kern, Köln

F07 Die Verdauung · um 1960 ·
Emil Schwarz, Altenberg bei Köln ·
72,6×169,2 cm · [FHBW/SCH732]

F08 Innere Organe · um 1956 ·
Dr. te Neues & Co., Kempen;
Deutsches Gesundheits-Museum –
Zentralinstitut für Gesundheitsauf-
klärung, Köln · 98,5×120,4×5,3 cm ·
[FHBW/RK31967]

F09 Stammbaum des Menschen ·
um 1923 · Franckh'sche Verlagshandlung, Stuttgart · Willy Planck ·
65,1×98,5 cm · [FHBW/10872]

F10 Keimesentwicklung · 1960 ·
Dr. te Neues & Co., Kempen ·
M. Röhl · 99,1×119,2×6 cm ·
[FHBW/RK31988.2]

F11 Die Folgen der Trinksitte ·
um 1920 · K. G. Lutz, Stuttgart ·
62,2×92,4 cm · [FHBW/32244]

F12 Lebensmittel · 1963 ·
Deutsches Gesundheits-Museum –
Zentralinstitut für Gesundheits-
aufklärung, Köln · 59×84 cm ·
[FHBW/31921]

F13 Die weiblichen Geschlechtsorgane – bestimmen ein Mädchen
zur Frau und Mutter · 1970 · Claudius-
Verlag, München · 89×59,5 cm ·
[FHBW/CL011]

F14 Die männlichen Geschlechtsorgane – bestimmen einen Jungen
zum Mann und Vater · 1970 ·
Claudius-Verlag, München ·
89×59,5 cm · [FHBW/CL013]

F15 Wir sind eine Familie –
Wir gehören zusammen · 1970 ·
Claudius-Verlag, München ·
59,5×84 cm · [FHBW/CL001]

F16 Die häufigsten Kinder-
krankheiten · um 1956 ·
Dr. te Neues & Co., Kempen;
Deutsches Gesundheits-Museum –
Zentralinstitut für Gesundheitsauf-
klärung, Köln · 99,5×118,5×2,5 cm ·
[FHBW/RK31994.3]

F17 Fußformen und Fußfehler ·
1964/65 · Deutsches Gesundheits-
Museum – Zentralinstitut für
Gesundheitsaufklärung – Köln ·
84×59 cm · [FHBW/31916]

F18 Künstliche Beatmung ·
um 1963 · Dr. te Neues & Co.,
Kempen; Deutsches Gesundheits-
Museum – Zentralinstitut für
Gesundheitsaufklärung, Köln ·
103,4×119×7,7 cm · [FHBW/RK32003]

F19 Die künstliche Atmung ·
um 1895 · F. E. Wachsmuth, Leipzig ·
Bruno Héroux · 66,3×87,8×4 cm ·
[FHBW/32720]

F20 Der Wille des Menschen ·
um 1920 · Franckh'sche
Verlagshandlung, Stuttgart ·
70×86×4,2 cm · [FHBW/RK10871]

F21 Dein Lebenskreis · 1954 ·
Schropp'sche Lehrmittelanstalt K.G.,
Berlin · Bruno Bergner, Carl Busse ·
119,5×83,5 cm · [FHBW/5528]

Sprache, Kultur und Religion

G01 Lateinische Ausgangsschrift ·
um 1955 · Georg-Westermann-Verlag,
Druckerei und Kartographische
Anstalt, Braunschweig ·
Friedrich Melchior · 63,2×83×1,8 cm ·
[FHBW/13595]

G02 Lateinische Ausgangsschrift ·
um 1960 · Röhr-Verlag, München ·
78×102×2 cm · [FHBW/FS103]

G03 [Grammatik- und
Vokabelübungen – Lebensmittel und
Ernährung] · um 1965 · Verlag für
Sprachmethodik, Königswinter ·
77,3×115 cm · [FHBW/FS100v]

G04 Fingerlesen · um 1956 ·
Tellus-Verlag, Essen · 128×84×20 cm ·
FHBW/RK13532.2

G05 [Grammatikübungen –
Adjektive, Ortsangaben, Artikel] ·
um 1965 · Verlag für Sprachmethodik,
Königswinter · 77,4×114,7 cm ·
[FHBW/FS098r]

G06 Der Rabe und der Fuchs ·
um 1920 · F. E. Wachsmuth, Leipzig ·
Käthe Olshausen-Schönberger ·
87×65 cm · [FHBW/13176]

G07 Fuchs und Ente · um 1880 ·
Friedrich-Andreas-Perthes-
Aktiengesellschaft, Gotha ·
Friedrich Wilhelm Pfeiffer ·
82×61,5×3 cm · [FHBW/4941]

G08 Fuchs und Ente · um 1911 ·
Rudolf Schick & Co., Leipzig ·
Paul Horst-Schulze · 104,7×74,7 cm ·
[FHBW/4926]

G09 Frau Holle · 1925 ·
F. E. Wachsmuth, Leipzig ·
Adolf Münzer · 56×78,3 cm ·
[FHBW/13182]

G10 Frau Holle · um 1955 ·
Hippolyt-Verlag, Wien, Sankt Pölten,
München, Basel · Rudolf Dirr ·
68,5×98,5 cm · [FHBW/HI027]

G11 Frau Holle · 1935 ·
Der praktische Schulmann,
Keller & Nehmann, Stuttgart ·
L. Martin · 90,5×62 cm · [FHBW/1185]

G12 Deutsche Dichter und
Komponisten · um 1955 ·
Ewald Becker, Hamburg ·
125,7×82 cm · [FHBW/NB002]

G13 Die Verstoßung aus dem
Paradies · um 1890 · Georg Wigand,
Leipzig · Julius Schnorr von
Carolsfeld · 69,5×60×2 cm ·
[FHBW/1925]

G14 Tafel des katholischen
Kirchenjahres · um 1912 · Verlag von
J. P. Bachem, Köln · J. Bendel ·
69×83×8 cm · [FHBW/30130.2]

Schulmuseen in Deutschland, Österreich und der Schweiz (Auswahl)

Schulmuseum Ahaus
Schlossplatz
48683 Ahaus
www.schulmuseum-ahaus.de

Stiftung Schulmuseum Mühlebach
Weinfelderstrasse 127
CH-8580 Amriswil
www.schulmuseum.ch

Museen Schloss Aschach
Schlossstraße 24
97708 Bad Bocklet Aschach
www.museen-schloss-aschach.de

Oberösterreichisches Schulmuseum Bad Leonfelden
Böhmerstraße 1
A-4190 Bad Leonfelden
www.ooemuseumsverbund.at/
museum/261-ooe-schulmuseum

Schulmuseum Bergisch Gladbach
Kempener Straße 187
51467 Bergisch Gladbach-Katterbach
www.das-schulmuseum.de

Schulmuseum Bremen
Auf der Hohwisch 61–63
28207 Bremen
www.schulmuseum-bremen.de

Schulhistorische Sammlung Bremerhaven
Heidacker 13
27572 Bremerhaven
www.serdesign.de/shs

Schulmuseum Büren
Kleffnerstr. 4
33142 Büren
www.bueren.de/tourismus/
wewelsburg/Schulmuseum.php

Ebersdorfer Schulmuseum e. V.
Silcherstraße 1
09131 Chemnitz
www.schulmuseum-ebersdorf.de

Westfälisches Schulmuseum
An der Wasserburg 1
44379 Dortmund
www.dortmund.de/de/freizeit_und_
kultur/museen/westfaelisches_
schulmuseum

Schulmuseum Dresden e. V.
Seminarstraße 11
01067 Dresden
www.schulmuseum-dresden.de

Schulmuseum Friedrichshafen
Friedrichstraße 14
88045 Friedrichshafen
https://schulmuseum.
friedrichshafen.de/

Landschulmuseum Göldenitz
Am See 7
18196 Göldenitz
www.landschulmuseum-mv.de

Hamburger Schulmuseum
Seilerstraße 42
20359 Hamburg
www.hamburgerschulmuseum.de/

Schulhausmuseum Hollingstedt
Klues 2
24876 Hollingstedt
www.schulhausmuseum.de

Schulmuseum Hundisburg
Dönstedter Str. 15
39343 Hundisburg
www.ecomusee.de/flyer2/
schulmuseum.htm

Bayerisches Nationalmuseum – Schulmuseum Ichenhausen
Unteres Schloss
Schlossplatz 3–5
89335 Ichenhausen
www.bayerisches-nationalmuseum.de/
index.php?id=76

Heinrich-Stiefel-Schulmuseum
Brückenkopf 1
85051 Ingolstadt
www.heinrich-stiefel-schulmuseum.de

Badisches Schulmuseum Karlsruhe e. V.
Henri-Arnaud-Straße 7
76228 Karlsruhe-Palmbach
www.badisches-schulmuseum.de/

Österreichische Gesellschaft für Historische Pädagogik und Schulgeschichte (ÖGHPS)
Hallegger Str. 218
A-9061 Klagenfurt-Wölfnitz
www.schulmuseum.at

Schulmuseum Reckahn
Dorfstraße 23
14797 Kloster Lehnin OT Reckahn
www.reckahner-museen.de

Verein Dorfschulmuseum Ködnitz e. V.
Ködnitz 6
95361 Ködnitz
www.dorfschulmuseum.de

Schulmuseum Bern
Muhlernstraße 9
CH-3098 Köniz
www.schulmuseumbern.ch

Schulmuseum Nordwürttemberg
Schillerstr. 13
70806 Kornwestheim
www.kornwestheim.de/kultur-sport/
museen/schulmuseum-nord-wuert-
temberg/dauerausstellung.html

Schulmuseum Main-Taunus-Kreis
Weingartenschule
Staufenstraße 14
65830 Kriftel
www.schulmuseumkriftel.de

Schulmuseum – Werkstatt für Schulgeschichte Leipzig
Saalbau
Goerdelerring 20
04109 Leipzig
www.schulmuseum.leipzig.de

Städtisches Schulmuseum
Stadtteil Sendelbach
Sendelbacher Str. 21
97816 Lohr a. Main
www.lohr.de/schulmuseum

Schulmuseum Mettingen
Westerkappelner Str. 44
49497 Mettingen
www.schultenhof-mettingen.de/
schulmuseum

Schulmuseum Michelstetten
Schulberg 1
A-2151 Michelstetten
www.michelstettnerschule.at

Schulmuseum Middelhagen
Dorfstr. 4
18586 Middelhagen
www.middelhagen.de/schulmuseum

Schulmuseum Nürnberg der Universität Erlangen-Nürnberg
Äußere Sulzbacher Straße 62
90478 Nürnberg
www.schulmuseum.uni-erlangen.de

Schulmuseum Zell-Weierbach
Schulstr. 3
77654 Offenburg
www.museum.schule

Osnabrücker Schulmuseum e. V.
Rolandsmauer 2
49074 Osnabrück
www.osnabruecker-schulmuseum.de

Stiftung Saarländisches Schulmuseum Ottweiler
Goethestraße 13
66564 Ottweiler
www.schulmuseum-ottweiler.net

Dorf- und Schulmuseum Schönwalde
Am Ruhsal
23744 Schönwalde
www.dorfmuseum-schoenwalde.de

Schulmuseum Steinhorst
Marktstraße 20
29367 Steinhorst
www.museen-gifhorn.de/schul-
museum/schulmuseum_start.php

Erstes Bayerisches Schulmuseum Sulzbach-Rosenberg e. V.
Schloßbergweg 10 a
92237 Sulzbach-Rosenberg
www.schulmuseum.org

Chiemgauer Schulmuseum
Brandstätt 2
83342 Tacherting
www.chiemgauer-schulmuseum.de

Ostfriesisches Schulmuseum Folmhusen
Leerer Str. 7–9
26810 Westoverledingen
www.ostfriesisches-schulmuseum.de

Nordwestdeutsches Schulmuseum Zetel-Bohlenbergerfeld
Wehdestr. 97
26340 Zetel
www.schulmuseum.de

Impressum

Dank
Prof. Dr. Alfred Forchel
Dr. Uwe Klug
Dr. Hans-Günter Schmidt
Thomas Leimeister
Doris Weth
Marion Friedlein
Vanessa Klein
Ulf Weinmann
Irmgard Götz-Kenner
Felix Kirchner
Marco Dittrich
Pedro Navarro
Uwe Franzen
Andreas und Lenny

© Prestel Verlag, München ·
London · New York, 2018
in der Verlagsgruppe
Random House GmbH
Neumarkter Straße 28 ·
81673 München

Bildnachweis
Die Rechte für die digitalen
Aufnahmen der Karten liegen –
wenn nicht anders angege-
ben – bei der Forschungsstelle
Historische Bildmedien. Die
Aufnahmen von Thorsten Kern,
Köln, und Ruempelstilzchen,
Bielefeld, sind im Verzeichnis
ab Seite 234 genannt.

© 2018 für die abgebildeten
Werke bei den im Verzeichnis
genannten Verlagen und Urhebern
© 2018 Fritz Kahn: Kahn-Family

Texte und Redaktion
Ina Katharina Uphoff

**Projektleitung und
Bildredaktion**
Nicola von Velsen

Korrektorat
Anna Sophia Herfert

Gestaltung
Sofarobotnik,
Augsburg & München

Herstellung
Friederike Schirge

Lithografie
Reproline Mediateam,
München

Druck und Bindung
Appl, Wemding

Papier
Profimatt

Schrift
Graphik und Domaine

Verlagsgruppe Random House
FSC® N° 01967

Printed in Germany

ISBN 978-3-7913-8403-0

www.prestel.de